AF402040

DE LA

RESPONSABILITÉ DES NOTAIRES

AVEC UNE

ÉTUDE SUR LA LOI AQUILIA

PAR

CLAUDE DROÜART

Avocat au barreau de Rennes

La volonté du notaire peut le rendre l'agent d'affaires des parties ; la loi n'en a pas fait autre chose qu'un fonctionnaire public, par l'organe duquel le pouvoir social lui-même vient imprimer aux conventions privées le caractère d'autorité et de certitude qu'il lui appartient de conférer.

FACULTÉ DE DROIT DE RENNES

THÈSE POUR LE DOCTORAT

RENNES

CH. OBERTHUR ET FILS, IMPRIMEURS DE L'ACADÉMIE

1879

DE LA RESPONSABILITÉ DES NOTAIRES

AVEC UNE

ÉTUDE SUR LA LOI AQUILIA

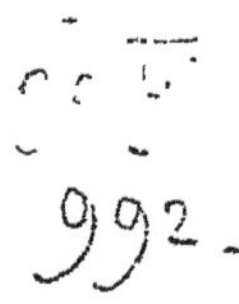

DE LA

RESPONSABILITÉ DES NOTAIRES

AVEC UNE

ÉTUDE SUR LA LOI AQUILIA

PAR

CLAUDE DROÜART

Avocat au barreau de Rennes

> La volonté du notaire peut le rendre l'agent
> d'affaires des parties; la loi n'en a pas fait autre
> chose qu'un fonctionnaire public, par l'organe
> duquel le pouvoir social lui-même vient im-
> primer aux conventions privées le caractère
> d'autorité et de certitude qu'il lui appartient
> de conférer.

FACULTÉ DE DROIT DE RENNES

THÈSE POUR LE DOCTORAT

Présentée et soutenue le 15 février 1879

A DEUX HEURES ET DEMIE

EXAMINATEURS

MM. BODIN, doyen; ÉON, WORMS, MARIÉ, professeurs; JARNO, agrégé;
CHATEL, chargé de cours.

RENNES

CH. OBERTHUR ET FILS, IMPRIMEURS DE L'ACADÉMIE

1879

A MA MÈRE

AVANT-PROPOS

S'il est vrai que le droit ait pour objet la liberté humaine,
les limites entre lesquelles il lui est permis de se mouvoir,
et les sanctions qui l'atteignent quand elle les transgresse,
il faut dire aussi que la théorie de la responsabilité, avec ses
innombrables aspects, est la théorie juridique par excel-
lence et, pour ainsi parler, le droit tout entier. C'est que la
liberté est le fait capital de notre nature morale, c'est l'élément essentiel que l'on retrouve au fond de toutes les déter-
minations intimes de la volonté; rien d'étonnant dès lors si
la responsabilité, qui en est la conséquence immédiate, nous
apparaît à chaque instant comme la suite nécessaire de ses
manifestations extérieures.

Quiconque aborde un tel sujet est d'avance condamné à
restreindre le champ de ses investigations. Dans cette courte
étude, on se propose d'examiner, sans grands détails, deux
des aspects de la responsabilité : l'un exclusivement historique, l'autre surtout pratique.

Après avoir brièvement rappelé les données les plus générales de la philosophie et du droit positif, nous essaierons
d'indiquer comment les Romains, qu'il n'est jamais permis
d'oublier dans l'étude des sciences sociales, comprirent et
organisèrent le principe de la responsabilité; puis nous
étudierons une des applications de ce principe dans le droit
actuel, théorie très-spéciale, à la vérité, mais en même
temps rendue très-digne d'attention, aussi bien par la mul-
titude des procès dont elle est l'occasion, que par l'importance des intérêts qui en dépendent.

le dommage résulte d'une omission, le demandeur doit prouver qu'il existait à la charge du défendeur une obligation d'agir.

L'idée de faute se ramène en définitive à la violation d'un devoir imposé soit par la loi générale, soit par la loi spéciale des parties. La violation des devoirs généraux prend le nom de délit ou de quasi-délit, selon qu'elle est ou non intentionnelle : elle engendre une responsabilité dite délictuelle, réglée par l'art. 1382 du Code civil et qui se trouve engagée, quelle que soit la légèreté de la faute. La violation des devoirs spéciaux nés des contrats ou des quasi-contrats, constitue la faute que l'on appelle contractuelle. La réparation en est réputée réglée par les parties elles-mêmes et, quand elles ne se sont pas expliquées, on présume que le créancier n'a entendu exiger du débiteur qu'une prudence ordinaire. Ainsi, en principe, et sauf les cas exceptionnels où la nature du contrat a fait édicter une responsabilité plus ou moins étendue, l'auteur d'une faute contractuelle n'en doit réparation que si cette faute est de celles que ne commet pas un administrateur diligent.

Telles sont les règles les plus générales de la responsabilité. Quelque succinct que soit cet exposé, il suffira à l'intelligence de ce qui va suivre.

DROIT ROMAIN

DE LA LOI AQUILIA

GÉNÉRALITÉS

Cette importante règle de droit, que chacun doit la réparation du préjudice qu'il a causé par sa faute, ne pouvait manquer d'être organisée de bonne heure chez un peuple d'esprit aussi juridique que le peuple romain. Mais, conformément à la marche ordinaire des créations humaines, les applications particulières se montrèrent longtemps avant que le principe lui-même eût trouvé sa formule.

Ce que fut, pendant les quatre premiers siècles de Rome, la théorie de la responsabilité, il n'est pas aisé de le dire aujourd'hui. Plusieurs lois s'en occupèrent, notamment celle des XII Tables; mais le texte qui nous en révèle l'existence nous avertit en même temps que leur contenu s'est perdu. (Loi 1, *h. tit.*) C'est qu'une loi plus complète vint en abroger les dispositions après les avoir résumées : cette loi, c'est la loi Aquilia.

Rendue à une date incertaine qu'il faut placer pourtant entre 367 et 468 de Rome fondée, et que Théophile fait coïncider avec la troisième retraite des plébéiens sur le Janicule, cette loi est en réalité un plébiscite adopté sur la proposition d'un tribun du nom d'Aquilius. Sans doute, ce fut un des premiers actes du pouvoir législatif que la plèbe ne conquit définitivement qu'en cette année 468. (L. Hortensia.)

Ce plébiscite, composé de trois chapitres ou chefs (capita), était ainsi conçu :

I. — Qui servum servamve, alienum alienamve, quadrupedem vel pecudem, injuria occiderit, quanti id in eo anno plurimi fuerit tantum æs dare domino damnas esto (1).

II. — (Ce chapitre est perdu ; mais Gaius (III, 215) nous enseigne qu'il était relatif à l'*adstipulator* qui, en fraude des droits du stipulant principal, libérait par *acceptilatio* le débiteur.)

III. — Cæterarum rerum præter hominem et pecudem occisos, si quis alteri damnum facit, quod usserit, fregerit, ruperit injuria, quanti ea res erit in diebus triginta proximis tantum æs domino dare damnas esto (2).

Quand Ulpien ne nous aurait pas appris que cette loi est une compilation, on l'eût aisément présumé à voir le défaut de toute liaison entre le deuxième chef et les deux autres. C'est une œuvre des premiers âges de Rome. On sent que la philosophie n'est pas encore venue prêter à la jurisprudence ces procédés de généralisation qui devaient rendre si remarquables les ouvrages de l'époque classique. Toutefois, la loi Aquilia laisse voir un effort tenté pour

(1) G., L. 2, pr., *h. tit.*
(2) Ulp., L. 27, § 5, *h. tit.*

embrasser, dans une formule largement compréhensive, les violations les plus usuelles des deux grandes catégories des droits qui composent le patrimoine : les droits réels et les droits personnels. Le troisième chef surtout révèle cette préoccupation par l'accumulation des termes qu'il emploie.

La loi ainsi rédigée était fort insuffisante et la doctrine rétrécit encore le champ de ses applications par la rigoureuse interprétation qu'elle donna à chacun de ses termes. Cependant le principe lui-même n'arriva jamais à une formule plus générale. Les Romains, fidèles à un procédé qui leur était familier et qui a trouvé, jusque dans les temps modernes, des imitateurs chez les Anglais, préférèrent avoir recours à des moyens détournés qui, sans rien détruire, sans rompre avec des traditions anciennes et chères, par cela même, à leur génie conservateur, permettaient de faire face avec les mêmes règles aux nécessités nouvelles ou imprévues de la pratique. La loi Aquilia ne fut pas modifiée, mais elle reçut de la jurisprudence des extensions importantes que nous aurons à signaler.

Les trois chefs de la loi Aquilia avaient pour caractère commun de prévoir un préjudice causé injustement « damnum injuria datum. » En outre, le premier et le troisième avaient trait l'un et l'autre à la destruction d'une chose corporelle : seulement à la différence du troisième chef, de beaucoup le plus général, le premier ne s'appliquait qu'autant qu'il y avait destruction totale de l'un des objets qu'il énumérait limitativement.

Abordons maintenant les explications propres à chacun des trois chefs de la loi, en commençant par le second, relatif à une hypothèse toute spéciale et sur lequel nous n'aurons plus occasion de revenir.

Le second chef de la loi Aquilia est resté longtemps

inconnu, car Justinien n'en dit rien, sinon qu'il n'est plus en usage (Inst., § 12). L'imagination des commentateurs s'était donné libre carrière ; de nombreuses hypothèses avaient été proposées et savamment établies, lorsqu'en 1816 la découverte du manuscrit de Gaius (palimpseste de Vérone) vint prouver non-seulement que l'on s'était trompé, mais que des explications inventées pas une n'approchait, même de bien loin, de la réalité.

Pourquoi la loi Aquilia avait-elle placé à côté des deux autres cas de *damnum* ce second cas si différent? On n'en peut guère donner d'autre raison que l'usage très-fréquent que l'on dut autrefois faire de l'adstipulation. Imaginée pour faciliter l'exécution des contrats *verbis* et pour permettre de faire exercer par un autre le droit et l'action exclusivement personnels qui dérivaient de ces contrats (G., III, 110), cette institution perdit sa principale utilité quand se fut introduite la faculté de plaider par procureur. Elle en avait, à la vérité, une autre d'ailleurs accessoire ; jusqu'à Justinien, la stipulation *post mortem* fut prohibée, c'est-à-dire que nul ne put stipuler de façon à faire naître l'action en la personne de ses héritiers, mais comme l'on pouvait très-bien, au contraire, stipuler pour le moment où un autre ne serait plus, l'intervention d'un *adstipulator* rendait efficace la stipulation ainsi faite. On comprend que sous Justinien l'*adstipulatio* était complétement tombée en désuétude, et avec elle le texte qui remédiait au principal des dangers qu'elle faisait courir au stipulant principal. L'*adstipulator* se faisant promettre le même objet par le même débiteur que le stipulant principal, était au même titre que lui maître de la créance : il pouvait donc en faire *acceptilatio*, en fraude des droits du créancier lui causant ainsi un préjudice dont la réparation pouvait être obtenue en vertu du second chef de la loi Aquilia. Il est vrai que l'*adstipulator* ayant vis-à-vis du créancier la position d'un mandataire, était déjà tenu de l'action *mandati directa;* mais le jeu de certain principe sur l'évaluation des dommages prévus par la loi Aquilia, lui permettait d'obtenir une indemnité plus forte en agissant par l'action de cette loi (G., III, 216).

Quand cessa d'être en usage le second chef? S'il en fallait croire un texte qui porte le nom d'Ulpien (L. 27, § 4, *h. tit.*), sa disparition serait déjà constante au commencement du IIIe siècle de J. C. Mais on pense que ce texte doit être attribué à Justinien lui-même.

Le premier chef, nous le savons déjà, suppose que l'on a tué sans droit l'esclave d'un autre ou certains animaux qui lui appartenaient : « Servum servamve alienum alienamve, quadrupedem vel pecudem. »

On s'était demandé quels animaux étaient visés par ce premier chef. Le mot *pecus* n'avait pas ici le sens général qu'il affecte fort souvent, sans cela il eût rendu inexplicable la désignation spéciale de quadrupède. Il s'agissait donc exclusivement des quadrupèdes qui méritaient vraiment ce nom de *pecus*, c'est-à-dire qui paissaient en troupeau sous la conduite de l'homme (1), comme les moutons, les chèvres, les bœufs, les chevaux, les mulets et les ânes, ce qui excluait non-seulement les animaux sauvages (*bestia*), mais encore les chiens (*ibid.*). En somme, on le voit, les animaux dont la mort était prévue par le premier chef étaient ceux qui servent à l'exploitation d'un fonds. Aussi y rangeait-on les chameaux et les éléphants (2), car si c'étaient des animaux sauvages, c'étaient aussi des bêtes de

---

(1) Inst., pr., et § 1.
(2) G., L. 2, § 2, *h. tit.*

somme (*jumenta*), et l'on avait au contraire discuté le point
de savoir si les porcs y étaient compris, sans doute parce
que, ne donnant ni lait ni laine, ils ne servaient pas non
plus de bêtes de somme ou de trait. Mais, comme le dé-
montrent deux vers d'Homère (1), les porcs paissent en
troupeau; ils étaient donc compris dans l'appellation de
pecudes, et, à ce titre, dans le premier chef de la loi.

L'auteur du préjudice devait alors une indemnité égale
à la plus haute valeur que l'esclave ou l'animal eût atteinte
dans l'année qui avait précédé le délit.

Le troisième chef réprimait tous les autres dommages
matériels, c'est-à-dire : 1° les blessures faites aux esclaves
et aux animaux visés par le premier chef; 2° la mort et les
blessures des autres animaux; 3° la destruction ou la détérioration des objets inanimés (Inst., § 13). A la vérité, le
texte de la loi semblait prévoir des dommages de certaines
catégories (*quod usserit, fregerit, ruperit*), mais les
Institutes nous font connaître le sens étendu de *rumpere*,
synonyme de *corrumpere* et désignant tous les modes de
destruction ou de détérioration « quoquo modo perempta
atque deteriora facta. » (§ 13.)

L'indemnité était de la plus haute valeur que l'objet eût
atteinte dans les trente jours qui avaient précédé le délit.

On voit qu'il y avait intérêt à distinguer entre les deux
chefs de la loi. Mais cela n'allait pas toujours sans difficultés.
Un esclave a été blessé mortellement, puis il reçoit d'une
autre personne un coup qui détermine une mort immédiate:
le dernier meurtrier est tenu en vertu du premier chef,
mais en est-il de même du premier? Julien le soutenait :
tous les deux, on le suppose, ont porté un coup mortel; il

(1) *Odyss.*, XIII, 407 et 408.

serait donc absurde de prétendre qu'aucun d'eux ne doit être tenu comme meurtrier ou que l'un des deux seulement doive l'être. (L. 51, *pr.*, et § 2.) Le rapprochement de ce texte avec la loi 11, § 3, a fait naître une controverse. Dans une espèce, qui semble bien la même, Celse pensait que le premier meurtrier ne tombait que sous le troisième chef de la loi Aquilia. Son opinion était approuvée par Marcellus et c'était aussi celle qui paraissait la plus probable à Ulpien, l'auteur de la loi 11.

Faut-il voir entre les deux textes une antinomie? Non, d'après MM. de Vangerow (1) et Demangeat (II, 401); les deux hypothèses de la loi 51 et de la loi 11 seraient distinctes. Dans la loi 51 Julien supposerait que Primus a fait à l'esclave une blessure certainement mortelle, Ulpien que Primus a blessé l'esclave et que Secundus l'a tué sur le coup, « *exanimaverit.* » Le véritable auteur de la mort c'est Secundus, peut-être la blessure faite par Primus n'était-elle pas mortelle.

Cette explication ingénieuse nous paraît divinatoire, les deux textes ne présentant pas de différences qui permettent de la fonder. En outre, les longs développements de Julien, les autorités dont Ulpien appuie la doctrine qu'il regarde comme la plus probable, montrent assez que sur l'hypothèse de la loi 51 et sur celle de la loi 11 il y avait controverse. Or, si cette dernière avait été telle que le veulent MM. de Vangerow et Demangeat, on ne voit guère comment des dissidences eussent pu se produire.

Si le maître, ne soupçonnant pas le caractère mortel d'une blessure reçue par son esclave, a déjà agi en vertu du troisième chef contre l'auteur, peut-il, la mort venue, renou-

---

(1) *Comm. des Pand.*, III, 681.

veler son action en vertu du premier? Oui, mais de la
seconde condamnation on déduira le montant de la première (1).

ARTICLE I.

CONDITIONS D'APPLICATION DE LA LOI AQUILIA.

§ 1. — *Damnum.*

L'existence d'un préjudice était chez les Romains, comme
aujourd'hui, une condition indispensable de la responsabilité.
Point d'action aquilienne si le dommage n'est pas certain,
ni susceptible d'une évaluation pécuniaire; peu importe l'intention mauvaise si aucun résultat fâcheux n'en a été la
conséquence, à plus forte raison si l'auteur se trouve avoir
enrichi celui qu'il voulait appauvrir.

1) J'ai une créance conditionnelle, quelqu'un m'en détruit
le titre; ai-je contre lui l'action de la loi Aquilia? D'un côté,
nul ne peut dire avant l'événement de la condition, si la
destruction de mon titre m'a porté préjudice; de l'autre, si
je suis contraint d'attendre jusque-là, j'ai à craindre le
dépérissement des preuves. Je puis agir immédiatement,
mais l'exécution de la condamnation que j'obtiendrai sera
elle-même suspendue à la condition qui affectait ma créance.
(L. 40.)

J'ai fait mon testament, on me le détruit. Ce fait donne-
t-il ouverture à la loi Aquilia? Non, dit Marcellus. Mais
Ulpien, en note, pense que cette décision exacte, en ce qui
concerne le testateur lui-même, cesserait de l'être si on l'appliquait à l'héritier et aux légataires : le testament, dit-il,

(1) L. 46 et 47, *h. tit.*

est pour eux comme un titre de créance. (L. 41, § 1.) Mais on peut objecter que le testament étant révocable à volonté, l'héritier institué et les légataires n'avaient encore aucun droit certain. Aussi est-il probable qu'il suppose que le testateur est mort.

Le propriétaire de la chose endommagée en était débiteur. Si le dommage est causé par le créancier lui-même, une distinction se présente : le débiteur était-il en demeure, il est libéré, mais il n'a pas l'action de la loi Aquilia. N'était-il pas en demeure, il est encore libéré, mais, en outre, il a contre le créancier l'action de la loi Aquilia. C'est que, dans ce second cas, à la différence du premier, le débiteur, n'étant pas en demeure, avait encore droit aux services qu'il pouvait retirer de l'objet. (L. 54, Papin.)

Si le dommage étant l'œuvre d'un tiers, le débiteur n'était d'ailleurs pas en demeure, la question est plus délicate. Les textes lui refusent l'action s'il était tenu en vertu d'une stipulation (1), et la lui accordent s'il l'était en vertu d'une vente (2). Cette différence, qui surprend au premier abord, s'explique par cette considération que le vendeur a un intérêt en cause, tandis que le promettant n'en a pas. Le vendeur étant obligé à la garde de la chose jusqu'à la tradition, doit prouver que le délit n'est pas imputable à sa propre négligence ; le promettant, au contraire, ne répondant que de ses faits, aucune preuve n'est mise à sa charge.

On peut encore s'étonner que Paul refuse l'action au débiteur qui n'était pas en demeure, alors que Papinien la lui accorde. La raison de décider semble la même dans les deux cas, et cette circonstance que, dans l'un, le dommage est le fait du créancier, et dans l'autre, celui d'un tiers, est

(1) Paul, L. 18, § 5, *de Dol. mal.*
(2) Inst., *de Empt. et Vend.*, § 3, *in fine.*

évidemment indifférente. Peut-être Paul suppose-t-il que le débiteur, en fait, n'a pu justifier d'aucun intérêt.

2) Dans un testament, j'ai affranchi mon esclave et l'ai institué pour héritier ; on me le tue. Il meurt avant toute poursuite. Mon héritier qui me succède, grâce à la mort de l'esclave, n'a pas l'action aquilienne, puisque le fait coupable, loin de l'appauvrir, l'enrichit (1).

On a renversé mon mur, mais il était destiné à être abattu (2) ; on a châtré mon esclave : mais cette mutilation en a fait un chanteur précieux (3) ; coupé ma moisson, cueilli mon raisin : mais mes épis et mes grappes avaient atteint leur maturité (4) : je n'ai pas l'action de la loi Aquilia, car ces faits, au lieu d'être pour moi la source d'un préjudice, ont épargné mon propre argent ou augmenté mon patrimoine.

§ 2. — *Damnum datum.*

Quelque blâmable que puisse être, en morale, une omission, une négligence, la loi positive ne l'atteint pas. Elle nous défend seulement de rien faire pour léser le bien d'autrui. L'abstention n'est répréhensible que pour celui que « quelque devoir obligeait » d'agir. (Domat.)

Ce principe, qui est de toutes les législations, n'a pas été expressément reproduit par les commissaires de Justinien, mais plusieurs textes le supposent, et notamment la loi 13, § 2, *de Usufr.* Il est constant qu'un usufruitier peut tomber sous le coup de l'action de la loi Aquilia, de l'interdit *quod vi aut clam* et de l'action *furti*, s'il commet sur l'objet

(1) L. 23, § 1, *h. tit.*
(2) L. 45, § 5, Paul.
(3) L. 27, § 28.
(4) L. 27, §§ 25, 26, 27, Ulp.

de son usufruit les faits qui donnent ouverture à ces actions. Mais alors, demande-t-on, à quoi sert la promesse sous caution que le préteur exige de lui? C'est, répond Julien, que la loi Aquilia ne s'applique pas toujours : ainsi elle n'atteint pas celui qui néglige de cultiver les champs, de tailler les vignes, ou qui laisse crever les aqueducs. Ce sont là des omissions que la promesse permet de réprimer chez l'usufruitier (1).

Toutefois, il importe de le remarquer, quiconque accomplit un acte inoffensif en soi est tenu d'empêcher cet acte de devenir nuisible et, s'il commet quelque négligence à cet égard, il en répond. Un cultivateur brûle de mauvaises herbes, assurément il est dans son droit, mais, faute de surveillance, il laisse le feu se propager et consumer la récolte du voisin, sa négligence est punie (2). De même un médecin fait une opération utile, puis laisse là la cure et le malade, sa négligence engage sa responsabilité. (L. 8, *pr.*, Gaius.)

§ 3. — *Damnum* injuria *datum*.

De même que la faute n'entraîne aucune responsabilité quand elle n'a été la cause d'aucun préjudice, de même, l'auteur d'un préjudice n'en doit réparation que s'il est en faute, si l'acte qu'il a commis est contraire au droit *(injuria, in-jus)*. *Fit damnum ex culpa*. Et il convient de le remarquer : le dol, l'intention mauvaise, n'est nullement un élément de la responsabilité.

La faute, une fois prouvée, il n'importe pas qu'elle soit

(1) *Adde* L. 27, § 9, *h. tit.*
(2) L. 30, § 3, *h. tit.*

grave ou légère. *In lege Aquilia et culpa levissima venit* (1). On ne rencontre donc pas, en matière de responsabilité délictuelle, cette graduation savante, dont furent l'objet les fautes contractuelles.

I. — Quant aux faits susceptibles de constituer une faute, ils sont, dit Donneau, infinis. Les Institutes et le Digeste contiennent un grand nombre d'hypothèses, quelques-unes fort curieuses, où le génie des distinctions s'était donné libre carrière. Méchanceté, imprudence, légèreté, inexpérience, impéritie, il n'importe : si le fait est commis sans droit, il est de nature à engager la responsabilité de son auteur. Vous avez tendu des piéges dans un lieu où vous n'aviez pas le droit de le faire, et le troupeau du voisin s'y est pris (L. 29, *pr.*) ; en lançant un javelot dans un endroit qui n'était pas destiné à cet exercice, vous avez blessé un passant (Inst., § 4), vous êtes responsable (2).

Et l'auteur du dommage ne peut se retrancher derrière les efforts qu'il a faits pour le prévenir, si c'est sa faiblesse ou son impéritie qui l'a causé. Ainsi, un muletier qui n'a pu retenir ses mules emportées (3), un médecin qui a fait à un esclave une opération maladroite (4), sont tenus de l'action aquilienne, car nul ne doit se charger d'une entreprise dont les suites peuvent nuire à d'autres, s'il n'est pas capable de la mener à bien.

Un barbier rase un esclave, quand une balle lancée par un joueur de paume venant pousser sa main, il coupe la gorge à l'esclave. Le barbier est-il en faute ? Proculus l'avait pensé et Ulpien est de son avis, si le barbier s'était installé

---

(1) Ulp., L. 44, *h. tit.*
(2) *Adde* L. 31, 27, § 33.
(3) L. 8, § 1, Gaius.
(4) L. 7, § 8, Ulp.

dans un endroit où l'on jouait à la paume ou dans un lieu
très-fréquenté. Et pourtant, ajoute-t-il, ce ne serait pas
une si mauvaise réponse que de dire qu'il y a bien aussi
quelque faute à venir s'asseoir sur la chaise du barbier
quand il l'a placée dans un endroit dangereux. Aussi
décide-t-il que la faute sera à la fois à l'un et à l'autre :
« Quocunque eorum (1). »

Deux chariots traînés par des mules montant au Capitole
à la suite l'un de l'autre, les conducteurs du premier le
poussent par derrière pour soulager l'attelage. Tout à coup,
les muletiers abandonnent ce poste; le premier chariot est
emporté sur le second qu'il entraîne, et tous deux vont
écraser un jeune esclave qui passait. Son maître en réclame
le prix; à qui doit-il s'adresser? Il se peut que la charge
ne fût pas proportionnée aux forces de l'attelage : c'est
alors à l'auteur du chargement qu'incombe la responsabilité.
La charge étant raisonnable, si les muletiers se sont retirés
sans motif, ce sont eux qui sont en faute; mais s'ils l'ont
fait parce que les mules effrayées reculaient et allaient les
écraser, c'est contre le propriétaire des mules que l'action
sera donnée (2).

Enfin, l'abus d'un droit d'ailleurs certain est une cause
de responsabilité. Un maître a pour apprenti l'esclave
d'autrui; en usant brutalement du droit de correction qui
lui appartient, il frappe à la tête cet esclave et lui crève un
œil; il est responsable. (L. 5, § 3.)

II. — Les actes licites, quelque funestes que les conséquences en aient pu être pour autrui, ne sauraient engager
la responsabilité de leur auteur, à moins que, entre plusieurs
manières d'exercer son droit, il n'ait méchamment choisi

(1) L. 11, pr., Ulp.
(2) L. 52, § 2.

celle qui pouvait nuire. « Nemo damnum facit nisi qui id fecit quod facere jus non habet. » (L. 151, *de Reg. jur.*)

1) Or, l'acte n'est pas illicite, s'il est inspiré par la nécessité de la légitime défense de soi-même ou de sa propriété, « vim enim vi defendere omnes leges omniaque jura permittunt (1). » La loi des XII Tables permettait de tuer le voleur de nuit : celui qui le faisait échappait donc à toute responsabilité pénale ; mais il restait tenu de la responsabilité civile, s'il n'avait pas appelé au secours : c'était, en effet, une faute, car un appel eût pu éviter l'homicide ; or, la loi Aquilia réprimait la simple faute. Quant au voleur de jour, il n'était permis de le tuer qu'après avoir appelé au secours et, de plus, si le vol était commis à main armée (2).

Pour arrêter un incendie qui menace ma maison, j'abats la muraille d'une maison voisine (3) ; un navire est poussé par le vent dans les cordages d'un autre, dans les filets d'un pêcheur, et les matelots pour se dégager sont obligés de couper ces cordages ou ces filets (4), ce sont là des actes permis, ils n'engagent pas la responsabilité de leurs auteurs.

Mais si le droit de nuire à autrui trouve sa justification dans la nécessité de se défendre, il y trouve aussi sa mesure, et le péril une fois passé, l'acte dommageable est un acte coupable. Pouvant se rendre maître d'un agresseur, la personne attaquée le tue (L. 5, *pr.*), pouvant garantir sa chose par des moyens inoffensifs, le propriétaire en emploie de périlleux (5), nul doute qu'il soit responsable. De même la victime d'un vol qui surprend dans sa fuite l'esclave d'au-

(1) L. 45, § 4, *h. tit.* — *Applicat.* L. 4 et 5, *h. tit.*
(2) V. *Distinct. anal.*, art. 322 et 329, Code pénal.
(3) L. 49, § 1, Ulp.
(4) L. 29, § 3, Ulp.
(5) L. 39, pr., et § 1.

trui emportant l'objet volé, n'est en état de légitime défense
que si l'esclave s'arrêtant l'a frappée le premier. (L. 52, § 1.)

Même en état de légitime défense, chacun répond du
préjudice que, par maladresse, il a porté à un tiers en se
défendant contre l'agresseur. (L. 45, § 4.)

2) La loi romaine permet au mari de tuer l'esclave d'au-
trui qu'il surprend en flagrant délit d'adultère. (L. 30, *pr.*
Paul.) La loi française déclare seulement le crime excusable.
(Art. 324, C. pén.)

3) Une circonstance exclusive de toute « injuria, » c'est
l'assentiment de la victime. « Volenti non fit injuria (1). »

4) Que, dans une lutte publique au pugilat, l'un des
combattants blesse ou tue son adversaire, si la lutte a été
honnête, il ne sera pas responsable : « Gloriæ causa et vir-
tutis, non injuriæ causa videtur damnum datum. » (L. 7,
§ 4, Ulp.) L'argument aurait sans doute aujourd'hui peu de
succès.

III. — Un acte, même contraire au droit, ne donne lieu
à aucune responsabilité s'il n'est pas l'œuvre d'une volonté
consciente et libre.

Un fou ne peut être passible de la loi Aquilia. Comment
serait-il responsable, dit Pegasus, puisqu'il n'est pas maître
de lui? Il ne peut être question de la loi Aquilia pas plus que
si le dommage eût été causé par un animal ou par une tuile
tombée d'un toit.

Ulpien ajoute qu'il en faut dire autant de l'*infans.*
(L. 8, § 2.)

Quant à l'*impubes,* Labéon pensait qu'il pouvait être
tenu de l'action aquilienne, car il l'était de l'action *furti*
et Ulpien partage ce sentiment, si toutefois l'*impubes* était

(1) L. 46, § 7, *de priv. Del.*

« injuriæ capax. » Ce point était probablement de fait (1).

Pour être responsable, l'auteur d'un délit doit avoir agi librement. Est-ce à dire que la contrainte morale soit un fait justificatif et que celui qui a commandé l'exécution d'un acte dommageable en soit seul responsable? On l'a soutenu en se fondant sur la loi 167, *de Reg. jur.* « Quod jussu judicis aliquid facit, non videtur dolo malo facere, *quia parere necesse est.* » Mais il est plus exact de dire que cette dernière expression ne s'applique qu'à la nécessité matérielle et non à la dépendance morale ou civile. Si donc un esclave commet un préjudice sur l'ordre de son maître, non-seulement le maître mais l'esclave sera responsable, d'où il suit que s'il est affranchi, il pourra être poursuivi.

§ 4. — *Damnum* corpore *datum.*

Autant les trois conditions que nous venons d'énumérer sont naturelles et conformes à la raison, autant sont extraordinaires celles qu'il nous reste à étudier.

Pour que la loi Aquilia soit directement applicable, il faut que le *damnum* ait été causé *corpore,* c'est-à-dire qu'il résulte immédiatement « du fait même du délinquant et non de l'action d'une cause étrangère que ce fait a mise en mouvement. » (Accarias, 678.) « Multum interesse occiderit an mortis causam præstiterit, ut qui mortis causam præstiterit, non Aquilia sed in factum actione teneatur (2). »

Quelqu'un enferme un esclave ou un troupeau, et le fait ainsi mourir de faim; ou persuade à un esclave de monter sur un arbre, de descendre dans un puits, et l'esclave se tue (Inst., § 16); à l'aide de la fumée, il met en fuite des abeilles

(1) Cf. except. de discern. au profit du mineur de 16 ans, art. 66, C. p.
(2) Celse, cité par Ulp., L. 7, § 6; *adde* L. 49, pr.

(L. 49, *pr.*) : *causam mortis præstitit, non occidit;* le *damnum* n'est pas causé *corpore*, la loi Aquilia ne s'applique pas.

De là des distinctions des plus subtiles : une sage-femme, soignant une accouchée, lui donne un breuvage qui l'empoisonne, est-elle passible de l'action aquilienne? Oui, si elle a tenu le vase; non, si la femme l'a pris elle-même (1). Il n'est pas surprenant que les Romains eux-mêmes fussent divisés sur l'application d'une condition si bizarre que celle-là. Aussi l'étaient-ils.

Un chien est excité à mordre, il mord. A-t-on contre celui qui l'a excité l'action de la loi Aquilia? Proculus pensait qu'on l'avait toujours, Julien voulait que l'on distinguât et ne la donnait que si celui qui avait excité le chien le tenait en laisse (2).

§ 5. — *Damnum* corpori *datum.*

Enfin le *damnum* doit être causé *corpori,* c'est-à-dire consister dans la destruction ou la dégradation d'un objet matériel. La loi Aquilia n'est donnée que « si corpus læsum fuit. »

Ainsi, vous aviez enchaîné votre esclave : je l'aperçois, « misericordia ductus; » je le détache et il s'enfuit : la loi Aquilia n'est pas applicable. *Nullum corpus læsum fuit.* (Inst., § 16.)

Je tenais dans ma main des pièces de monnaie; vous m'avez secoué le bras et j'ai perdu les pièces : êtes-vous tenu de la loi Aquilia? Oui, si les pièces sont tombées dans un fleuve, dans la mer ou dans un lieu d'où l'on ne puisse plus

____

(1) Labéon, cité par Ulp., L. 9, pr.
(2) L. 11, § 5, Ulp.

les retirer : elles sont alors perdues pour tout le monde et comme anéanties. Mais si, en me poussant, vous avez voulu permettre à un voleur de me les enlever, elles n'ont fait que passer d'une main dans l'autre : c'est l'action *furti* qui sera donnée contre vous (1).

ARTICLE II.

ÉTENDUE DE LA RÉPARATION.

I. — « Quanti res erit, » telle était l'expression par laquelle la loi donnait au juge pouvoir d'apprécier le préjudice. Or, cette expression prise grammaticalement ne désigne que la valeur vénale de l'objet endommagé, celle qu'il aurait pour tout le monde sur le marché (2). Cependant il se peut que le préjudice éprouvé soit supérieur à cette valeur : un cheval faisait partie d'un quadrige que sa mort a dépareillé (L. 22, § 1); j'étais institué héritier sous la condition d'affranchir Stichus, et mon droit était certain car le testateur était mort (L. 23) (3); vous avez tué Stichus, rendant ainsi impossible l'accomplissement de la condition; il est clair que le cheval et l'esclave avaient pour moi une valeur supérieure à leur valeur intrinsèque : la réparation complète doit donc comprendre tout l'intérêt que la victime du préjudice avait à ne pas l'éprouver. Telle fut aussi la solution définitive qui résulta non pas à la vérité « ex verbis legis, sed interpretatione. » (§ 10, Inst.)

Mais le préjudice allégué doit être certain. Ainsi, dans l'espèce précédente, si le testateur était encore vivant quand

---

(1) L. 27, § 21, Ulp.; *adde* L. 17, §§ 25 et 26.
(2) Savigny, V, app. XII.
(3) *Adde* L. 37, § 1; L. 23, § 1.

Stichus a été tué, je ne pourrai faire comprendre dans l'estimation du dommage la valeur de l'hérédité, car je n'avais absolument rien qu'une espérance (1).

En outre, la valeur d'affection ne doit point être comptée. (L. 22, *pr.*)

II. — Le premier chef de la loi ajoutait que si l'esclave ou l'animal qui avait été tué avait changé de valeur, il fallait prendre pour base d'appréciation la plus haute valeur *(plurimi)* qu'il eût atteinte dans l'année (L. 21, § 1), et le troisième voulait que l'on considérât cette valeur dans les trente derniers jours. (L. 27, § 5.) A la vérité, ce troisième chef ne contenait pas le mot *plurimi*, mais on était d'accord pour le suppléer, sans quoi les termes « *in diebus triginta proximis* » eussent été complétement dénués de sens. (L. 29, § 8, *h. tit.*) Quant au point de départ de l'année dont parlait le premier chef, c'était évidemment le jour de la mort, si la mort avait été instantanée. Si, au contraire, il s'était écoulé un certain temps entre la blessure et la mort, les jurisconsultes étaient divisés ; mais on finit par choisir le jour de la blessure. (L. 21, § 1.)

Cette règle, d'après laquelle la valeur de l'objet endommagé ne s'apprécie pas au moment du délit, peut amener ce résultat singulier que la partie lésée reçoive une indemnité supérieure au préjudice qu'elle a réellement éprouvé. Plus raisonnable était le système d'estimation adopté pour le « *furtum* » et la « *rapina*, » où l'indemnité était égale à la plus haute valeur que l'objet eût acquise depuis le délit. Il était juste, en effet, que la victime obtînt une somme représentative de la valeur que l'objet eût acquise entre ses mains s'il ne lui eût été injustement enlevé.

(1) L. 23, § 2; *adde* L. 29, § 3.

III. — Une autre circonstance peut encore faire que l'indemnité soit supérieure au préjudice. La loi-Aquilia est en effet une de celles où la condamnation est élevée au double quand le défendeur oppose une négation formelle à la prétention du demandeur, « *lis contra inficiantem crescit in duplum* (1). » Naturellement l'auteur du délit peut impunément contester l'étendue de la réparation demandée, ce qu'il ne doit pas nier, c'est le fait même du délit (2).

Ainsi l'aveu du défendeur revêt une sorte de caractère transactionnel, parce qu'il le protége contre le danger d'être condamné au double. C'est pour cette raison que, malgré le principe « *non fatetur qui errat* (L. 2, *de Conf.*), il ne peut se restituer contre son aveu, alors même qu'il l'a donné par erreur (3). Mais il va de soi que cette règle est absolument inapplicable si, en réalité, aucun délit n'a été commis. L'aveu du défendeur dispense bien le demandeur de prouver sa participation au délit, mais non pas d'établir le délit lui-même (4).

ARTICLE III.

DE L'ACTION DE LA LOI AQUILIA.

Les Romains, envisageant les actions au point de vue des effets qu'elles peuvent avoir sur le patrimoine du demandeur et sur celui du défendeur, les avaient divisées en trois catégories : une action était dite « rei persecutoria, » quand

(1) L. 3, § 1; L. 23, § 10.
(2) L. 25, § 2; L. 26.
(3) L. 4, *de Conf.*; Inst., III, 27, § 7.
(4) L. 23, §§ 11, 24, 25.

elle avait pour résultat de rétablir dans leur premier état ces deux patrimoines; « pœnæ persecutoria, » quand elle enrichissait le demandeur et appauvrissait le défendeur; « mixta, » quand tout à la fois elle procurait au demandeur la réparation du préjudice qu'il avait éprouvé, et en sus un certain bénéfice (1).

Une action pénale pouvait d'ailleurs appauvrir le défendeur sans enrichir le demandeur : dans une phraséologie commode mais qui n'est pas romaine, on l'appelle alors pénale unilatérale, tandis que lorsqu'elle atteint à la fois l'un et l'autre résultat, elle est dite pénale bilatérale.

On voit immédiatement que la loi Aquilia était mixte dans déux cas : 1° quand, dans l'année ou les 30 jours antérieurs au délit, l'objet détruit ou endommagé avait atteint une valeur supérieure à celle qu'il avait au moment du délit; 2° quand le défendeur, ayant nié, était condamné au double. Cette action est alors qualifiée par les commentateurs modernes d'action pénale, bilatérale composée.

En dehors de ces deux cas d'enrichissement du demandeur, l'action est pour lui « rei persecutoria, » tandis que pour le défendeur elle est « pœnæ persecutoria. » On dit alors qu'elle est pénale unilatérale.

Or, les actions « rei persecutoriæ » et les actions « pœnæ persecutoriæ » ne se gouvernent pas par les mêmes règles : de là la question de savoir comment il faut traiter l'action de la loi Aquilia.

Logiquement, il faudrait distinguer et lui appliquer les règles des actions « rei persecutoriæ, » en tant qu'elle poursuit la réparation du préjudice, et celles des actions « pœnæ persecutoriæ, » en tant qu'elle procure un bénéfice au demandeur.

-(1) Inst., IV, 6; G., IV, 6.

Mais les Romains n'ont pas fait cette distinction, et l'action aquilienne se comporte presque toujours comme une action pénale. Pour préciser davantage, trois points doivent être examinés :

§ 1. — *Caractère noxal de l'action de la loi Aquilia.*

On sait que le *paterfamilias* poursuivi pour le délit de son fils ou de son esclave pouvait se libérer en abandonnant à la victime le délinquant qui tombait *in mancipio* ou *in dominica potestate*. C'était là l'abandon noxal. Sous Justinien, cet abandon n'était plus applicable au fils ; il l'était toujours à l'esclave. Un maître, dit la loi 2, *pr.*, *de nox. Act.*, ne peut être à son insu obligé par son esclave au delà de la valeur de cet esclave.

Lors donc qu'un esclave commettait le *damnum* réprimé par la loi Aquilia, la victime pouvait agir *noxaliter* par l'action de cette loi contre le maître qui se trouvait alors dans l'alternative ou de payer la condamnation ou d'abandonner l'esclave. La formule portait alors ces mots : « ... Nisi ex noxali causa servum dedat..., » « ... aut noxæ dedere condemna. »

§ 2. — *A qui et contre qui compète l'action de la loi Aquilia.*

I. — *A qui elle compète.* — L'action de la loi Aquilia n'est dans la rigueur des principes donnée qu'au propriétaire, « hero, id est, domino. » (L. 11, § 6.) On entend du reste dans un sens assez étendu le mot de propriétaire : si la chose endommagée était comprise dans une hérédité jacente, ou dans les biens d'un prisonnier de guerre, en réalité, elle n'a alors aucun maître, mais le captif de retour, l'héritier quand il aura fait adition, auront l'action par application des principes sur les hérédités jacentes et le *postliminium* (1).

Jamais l'action n'appartient à celui qui n'est que créancier de la chose endommagée : c'est au débiteur qu'elle compète, fût-il même libéré par la perte de cette chose. On chercha par divers moyens à corriger les effets de cette rigoureuse application des principes. Dans les contrats de bonne foi, le juge obligeait le débiteur à céder l'action au créancier (2). Dans les contrats de droit strict, si l'auteur du préjudice était coupable de dol, le préteur donnait au créancier l'action *de dolo* (3). Mais si le dol n'existait pas ou n'était pas établi, le créancier était désarmé. L'action de la loi Aquilia lui eût donc été, dans tous les cas, plus utile, d'abord parce qu'elle n'oblige pas à prouver le dol, en second lieu parce qu'elle comporte un mode spécial d'estimation du dommage, mode d'où peut résulter un bénéfice pour le demandeur.

La règle que l'action aquilienne n'appartient qu'à celui qui est propriétaire de l'objet avait conduit à de singulières déductions : ainsi on la refusait à l'homme libre blessé parce que, disait-on, il ne pouvait pas se dire propriétaire de ses membres. (L. 13, *pr.*)

II. — *Contre qui elle compète.* — A ce point de vue, nous allons le voir, l'action de la loi Aquilia prend un caractère presque exclusivement pénal. Deux hypothèses sont à distinguer :

A. — L'auteur ou les auteurs sont encore vivants. — Si le

(1) L. 13, § 2; L. 43.
(2) Inst., *de Empt. et Vend.*, § 3.
(3) *De Dolo malo*, L. 18, § 5.

délit est l'œuvre d'un seul, aucune difficulté ne se présente. Nous avons seulement à remarquer que l'action aquilienne se donnait entre époux à la différence de l'action *furti* (1).

Si le délit a été commis par plusieurs personnes en même temps, de façon que l'on ne puisse reconnaître quelle part chacune d'elles y a prise, l'action est donnée pour le tout contre chacune et le paiement fait par l'un des coauteurs ne libère pas les autres. « Quod alius præstitit alium non relevat, quum sit pœna (2). » Ainsi la victime reçoit le montant de la condamnation autant de fois qu'il y a de coauteurs.

Or, cette solution est loin d'être conforme aux principes généraux. Quand d'un fait délictueux auquel ont coopéré plusieurs auteurs, il naît une action pénale bilatérale et une action *rei persecutoria*, la première est donnée *in solidum* contre chacun des coauteurs; la seconde, une fois le préjudice réparé, ne peut plus être donnée. (L. 1, C., IV, 8.) Que si l'action est pénale unilatérale, le demandeur peut bien s'adresser à l'un quelconque des coauteurs, mais le paiement fait par l'un d'eux libère les autres parce que le demandeur ne peut obtenir plusieurs fois la réparation du même préjudice (3).

L'action de la loi Aquilia se présente tantôt comme pénale bilatérale composée, tantôt comme unilatérale. Dans le premier cas, la règle de la loi 11 n'est exacte que pour la partie qui représente la « pœna; » dans le second, elle ne l'est plus du tout, puisque l'action étant alors *rei persecutoria*, par rapport au demandeur, il ne devrait obtenir que la réparation du préjudice qu'il a subi.

(1) L. 27, § 30 ; L. 56, *h. tit.*
(2) L. 11, §§ 2 et 3 ; L. 51, § 1.
(3) L. 17, pr., *de Dol. mal.;* L. 15, § 14. *Quod met.*

D'après M. de Savigny, les jurisconsultes romains ont admis ici une fiction : la victime du préjudice peut assigner pour date du délit, au lieu du moment où il a été réellement commis, un moment quelconque de l'année ou des trente jours qui précèdent. Pour chacun des coauteurs, elle choisira un moment différent, en sorte qu'au lieu d'avoir coopéré à un délit unique, ils seront réputés avoir commis chacun un délit distinct.

B. — L'auteur ou les auteurs sont décédés. — Si le décès a eu lieu depuis la *litis contestatio*, l'action aquilienne passe contre les héritiers (1), car, par la *litis contestatio*, elle a cessé d'être pénale : *judiciis quasi contrahimus*.

Si le décès a eu lieu avant la *litis contestatio*, les héritiers ne sont tenus que dans la mesure de leur enrichissement (2), c'est là la solution ordinaire en matière d'action pénale bilatérale. (G., IV, 112.) Mais l'action de la loi Aquilia est souvent pour le demandeur *rei persecutoria*, la logique eût exigé qu'elle se perpétuât contre les héritiers en tant qu'elle tendait à la réparation du préjudice.

§ 3. — *Concours de l'action de la loi Aquilia avec d'autres actions.*

Si celui à qui compète l'action de la loi Aquilia a, en même temps à sa disposition une autre action tendant soit à une indemnité, soit à une peine, pourra-t-il les invoquer l'une et l'autre successivement, aura-t-il seulement un choix à faire, ou enfin, après en avoir intenté une, pourra-t-il en intenter une seconde, mais en déduisant la condamnation déjà obtenue? Telle est la question qu'il faut maintenant exa-

(1) L. 26, *de Obl. et Act.*
(2) L. 23, § 8, *h. tit.*

miner. La réponse varie avec la nature des actions en concours.

I. — *Concours de l'action de la loi Aquilia avec une action* rei persecutoria. — *1)* Nous supposerons d'abord que l'auteur du délit soit lié avec la victime par un contrat. Si, en effet, l'application de la loi Aquilia ne suppose pas de relations contractuelles, elle n'en est point non plus exclusive, son second chef en est la preuve.

Mais on peut se demander si l'existence de ces relations n'aura pas d'influence sur la détermination des cas où la responsabilité aquilienne est engagée. Ainsi, un dépositaire ne répond que de son dol et de la faute lourde assimilable au dol, il commet une simple imprudence : c'est un vase précieux qu'il a reçu en dépôt; un jour le vase lui échappe et se brise. Est-il passible de la loi Aquilia? Oui, d'abord, évidemment si la faute commise ne s'explique pas par un fait autorisé par la loi du contrat, par exemple si le dépositaire a brisé le vase en le faisant voir à une personne étrangère. Mais si le dommage a son principe dans un fait autorisé par la loi du contrat, les textes faisant défaut, la controverse s'est fait jour sur ce point. On a soutenu que l'action aquilienne devait s'appliquer tout comme s'il n'existait entre les parties aucune relation contractuelle. On ne concevrait pas, dit-on, qu'un fait qui serait punissable s'il était commis au préjudice d'un étranger, cessât de l'être parce qu'il est commis au préjudice du créancier (1). Mais on répond, avec raison, selon nous, que la loi du contrat a fort bien pu déroger à la règle générale qui déclare imputable toute espèce de fautes, et cela se comprend d'autant mieux que le contrat

(1) M. Hasse, M. d'Hauteuille, *Rev. de lég.*, 1835, t. II, p. 274.

vient modifier la situation naturelle du débiteur par rapport à l'objet, et l'expose à commettre plus fréquemment des fautes dommageables.

Quoi qu'il en soit de cette controverse, on conçoit qu'elle ne se pose même pas quand le fait qui tombe sous l'application de la loi Aquilia est en même temps prévu par la loi du contrat, et il est clair qu'alors le créancier a les deux actions. Mais peut-il en cumuler le bénéfice, et après avoir intenté l'action du contrat, si la loi Aquilia, par suite du mode d'estimation qui lui est propre, doit lui permettre d'arriver à une condamnation plus forte, peut-il l'intenter? De nombreux textes déclarent qu'il le peut pour obtenir *id quod amplius* (1). D'autres semblent dire, au contraire, que le cumul est impossible (2). La difficulté doit nous paraître d'autant plus grave que les textes cités comme étant en contradiction appartiennent souvent aux mêmes jurisconsultes : ainsi la loi 27, § 11, *h. tit.*, est d'Ulpien comme la loi 7, § 1, *Commod.*, la loi 36, § 2, *de hœred. Pet.*, est de Paul comme la loi 34, § 2, *de Obl. et Act.* Cela même doit faire penser que ces textes ne prévoient pas la même hypothèse : les uns supposent, en effet, que le créancier a commencé par intenter l'action qui doit lui faire obtenir la condamnation la plus forte, il est clair alors qu'il a épuisé son droit; les autres qu'il a commencé par la plus faible, il peut alors agir par l'autre, mais déduction faite de ce que la première lui a fait avoir.

2) Si l'action qui compète au demandeur en même temps que la loi Aquilia est la *reivindicatio,* le cumul présente

---

(1) L. 41, § 1, *de Obl. et Act.;* L. 34 et 4, *eod. tit.;* L. 7, § 1, *Comm.;* L. 2, § 3, XLVII, 1.

(2) L. 18 et L. 27, § 11, *h. tit.;* L. 18, § 1, *Comm.;* L. 43, XIX, 2; L. 36, V, 3.

une particularité qui doit nous arrêter un moment. Si la chose revendiquée a été détériorée, le juge doit, dans son estimation, tenir compte de la détérioration; toutefois, il ne le fait que si le demandeur donne caution de ne pas intenter l'action aquilienne. Il peut se réserver cette action, mais non en cumuler le bénéfice; sans cela, dit Paul, il pourrait arriver à obtenir trois fois la réparation du préjudice (1).

Ceci ne va-t-il pas contre la règle qu'après avoir usé d'une action on peut encore intenter l'autre pour le surplus? D'après Cujas, la loi 14 doit être entendue en ce sens que le juge fait promettre au demandeur, non pas de ne plus agir du tout *ex lege Aquilia,* mais de n'agir que pour le surplus (2).

II. — *Concours de l'action de la loi Aquilia avec des actions pénales privées.* — Il se peut qu'un même acte viole plusieurs lois pénales à la fois, par exemple celui qui frappe un esclave dans le but d'offenser son maître, et blesse cet esclave, commet à la fois le délit d'injure et celui de la loi Aquilia. Plusieurs actions sont alors ouvertes; mais pourra-t-on en cumuler le bénéfice?

Les textes révèlent ici l'existence d'une controverse qui dura jusqu'aux derniers temps de l'époque classique. Modestin rejetait absolument le cumul des actions : « *Plura delicta in una re plures admittunt actiones, sed... una tantummodo non omnibus utendum est* (3). » Paul pense que le demandeur peut choisir entre les actions qui s'offrent à lui, et qu'après en avoir exercé une, il peut encore en exercer une autre, mais qu'il obtiendra seulement ce que cette seconde action peut avoir de plus avantageux que la

---

(1) L. 13 et 14, *de Reiv.*
(2) VII, p. 256; *sic* Pellat.
(3) Loi 33, *de Obl. et Act.*

première. Il admet donc le cumul partiel, *in id quod am-*
plius (1). On trouve des applications de cette doctrine, notamment dans la loi 1, *Arbor. furt. cæs.*, et dans la loi 1,
Vi Bon. rapt., qui sont l'une et l'autre l'œuvre de Paul.
Enfin, Ulpien soutenait que les actions pénales devaient se
cumuler, non pas seulement pour l'*amplius*, mais pour le
tout (2). « *Nunquam pœnales actiones de eadem pe-*
cunia concurrentes, alia aliam consumit. » C'est cette
opinion qui l'emporta « *post magnas varietates,* » nous
dit l'un des derniers jurisconsultes classiques, Hermogé-
nien (3), et nous la retrouvons, en effet, aux Institutes
(IV, 9, § 1er) et dans l'exposé général des principes du droit
qui termine les Pandectes (4).

Que cette règle fût applicable à l'action aquilienne, malgré
son caractère mixte, c'est ce dont il n'est pas permis de
douter en présence de la loi 2, *de priv. Del.*, précisément
tirée d'Ulpien, et de la loi 15, § 46, où l'on voit Labéon
admettre le cumul intégral de l'action d'injure et de l'action
aquilienne.

L'explication historique que nous avons rapportée des
différents textes où nous apparaît la divergence de vues des
jurisconsultes est aujourd'hui démontrée (5). Mais elle avait
échappé à Pothier qui, pour concilier ces textes, avait été
obligé de faire une distinction. Si les actions étaient nées
d'un même fait, la valeur obtenue par la première devait
se déduire de l'autre : c'est le système de Paul, et Pothier
l'établissait en citant les fragments de ce jurisconsulte.

______

(1) L. 34, pr., *de Obl. et Act.*
(2) L. 60, *de Obl. et Act.*
(3) L. 32, *de Obl. et Act.*
(4) *De Reg. jur.*, L. 130.
(5) Pellat, *de la Prop.*, p. 165 et 166; Savigny, V, § ccxxxiv.

Quant à la loi 60, *de Obl. et Act.*, à la loi 130, *de Reg. jur.*, au § 1ᵉʳ, tit. IX, des Inst., il supposait que ces textes s'appliquaient au cas où les diverses actions résultaient de plusieurs délits. Cette distinction n'était pas fondée, et Pothier était réduit à dénaturer le sens de la loi 32 (Hermog.), en l'expliquant par la loi 41 (Paul) qui dit précisément le contraire.

III. — *Concours de l'action de la loi Aquilia avec une action pénale publique.* — Si pendant longtemps les Romains ne crurent pas que la société fût intéressée à la répression des crimes et des délits commis contre les particuliers, un moment vint cependant où la vérité juridique se fit jour. Même, sous la République, diverses lois furent rendues, qui caractérisèrent certains délits publics, en fixèrent la peine et en organisèrent la procédure. Telle fut, sous Sylla, la loi Cornelia *de Sicariis* (1) qui punit de mort le meurtre intentionnel, que la victime fût un esclave ou un homme libre. On conçoit donc que cette action dut se trouver en concours avec l'action aquilienne : deux textes prévoient, en effet, ce concours (2) et décident que le cumul est possible.

ARTICLE IV.

DES EXTENSIONS DONNÉES PAR LA JURISPRUDENCE A LA LOI AQUILIA.

L'étude précédente a fait voir dans quelles étroites limites se trouvait renfermé le droit d'agir directement en vertu de la loi Aquilia : c'était là une rigueur dont les né-

---

(1) Inst., IV, 18, § 5.
(2) L. 5, pr.; L. 23, § 9, *h. tit.*

cessités de la pratique ne pouvaient longtemps s'accommoder, et bientôt le préteur dut suppléer à l'insuffisance du droit civil. On connaît ses procédés habituels : quand il voulait seulement étendre hors de sa sphère une action civile, il donnait une formule utile de cette action, c'est-à-dire qu'il modifiait la formule ordinaire, mais que c'était d'ailleurs les mêmes règles de droit qui devaient présider au jugement, à l'estimation de la condamnation, etc. La modification apportée à la formule consistait tantôt en ce qu'elle contenait une fiction par laquelle le préteur, supposant dans les parties une qualité qui leur manquait, ordonnait au juge de décider comme si elles avaient eu cette qualité; tantôt en ce qu'il subordonnait la condamnation non plus à l'existence d'un droit, mais à la vérification d'un fait : l'action était alors rédigée non plus *in jus*, mais *in factum*. Dans l'un et l'autre cas, l'action utile se comportait absolument comme l'action directe : c'était la même action appliquée à un cas pour lequel elle n'avait pas été faite, mais d'ailleurs voisin de l'hypothèse prévue par la loi. Mais il se pouvait aussi que l'espèce proposée au préteur fût si différente de toutes celles qu'avait réglées le droit civil, qu'il ne fût possible d'y appliquer directement ou indirectement aucune action déjà connue. Le préteur organisait alors de toutes pièces une nouvelle action, parfaitement distincte, qu'il rédigeait *in factum*, mais qui, n'étant pas une action utile, n'empruntait ses règles à aucune des actions du droit civil.

Ces données générales rappelées, voyons comment elles furent adaptées à la réparation du *damnum injuria datum*.

I. — Nous savons que l'action directe de la loi Aquilia ne compétait qu'au propriétaire de l'objet endommagé ou détruit, que, notamment, le créancier ne l'eut jamais, et nous avons dit quels moyens, d'ailleurs insuffisants, furent employés pour le protéger.

L'action utile fut accordée à l'usufruitier et à l'usager, privés de leur jouissance par l'effet d'un *damnum*. Deux textes prévoient cette situation et donnent « *utilem actionem, utile judicium exemplo legis Aquiliæ* (1). » Probablement le procédé employé fut une fiction. (Anal. G., IV, 34 et suiv.)

L'action utile fut encore donnée au possesseur de bonne foi (L. 17, *h. tit.*), et au créancier gagiste (2), au moins si son débiteur était insolvable, ou si le créancier, ayant laissé passer le laps de temps pendant lequel il pouvait exercer son action, perdait, en perdant le gage, tout moyen d'obtenir paiement. (L. 30, *h. tit.*) Quant au procédé d'extension, la loi 17 indique la rédaction *in factum*.

II. — L'action directe était encore impossible quand le *damnum* n'avait pas été causé *corpore*. L'action utile fut certainement applicable et l'on en trouve la preuve dans tous les textes que nous avons cités pour montrer que l'action directe ne l'était pas (3). La formule se rédigeait alors *in factum*.

Si le *damnum* a été commis par un homme libre sur l'ordre d'un autre homme qui avait le droit de s'en faire obéir (L. 37, *pr.*) ; s'il l'a été par un esclave, « *sciente domino* (L. 44), » le maître ou celui qui a donné l'ordre est responsable, mais l'action sera-t-elle directe ou utile? Les textes ne le disent pas, mais ce sera probablement l'action directe, car si la personne responsable n'a pas causé le *damnum corpore suo* elle l'a du moins causé *corpore*.

---

(1) L. 17, § 3, *de Usufr.*; L. 11, § 10, *h. tit.*
(2) L. 27, *de Pign. et Hyp.*
(3) L. 7, § 9, pr.; L. 9, § 2, etc., etc.

Quoi qu'il en soit, ce qu'il importe de remarquer c'est que dans l'action utile de la loi Aquilia, qu'elle soit fictice ou *in factum*, l'estimation du dommage se fera d'après les règles spéciales que nous avons exposées.

III. — Mais une dernière lacune restait à combler pour arriver à la répression complète du *damnum injuria datum*. Si le *damnum* n'avait pas été causé *corpori*, comment en obtenait-on la réparation? Les textes répondent que le préteur donnait une action *in factum*. Mais qu'était-ce que cette action *in factum?* Était-ce une action utile de la loi Aquilia, était-ce, au contraire, une action distincte n'ayant rien de commun avec elle et notamment ne comportant pas les mêmes règles d'estimation?

Dans une opinion qui fut celle de nos anciens romanistes et qui encore aujourd'hui peut invoquer les plus graves autorités (1), on soutient que si le *damnum* n'est pas *corpori datum*, on se trouve dans une hypothèse trop éloignée de la loi Aquilia pour que l'on puisse donner l'action même utile de cette loi : l'action *in factum* dont s'agit en est donc absolument distincte. Cette proposition nous paraît absolument certaine en présence du § 16 des Instit. Marquant la différence du *damnum non corpore* et du *damnum non corpori datum,* ce texte donne pour le premier l'action utile et pour le second une action *in factum*. « Cum non sufficit neque directa neque utilis Aquilia, placuit eum qui obnoxius fuerit, in factum actione teneri. » A nos yeux, ce paragraphe tranche absolument la question et il ne nous paraît pas nécessaire de le corroborer par la combinaison d'un passage de Gaius (III, 202) et du § 11 des Inst. de Just., *de Obl. et Act.* Il nous suffira de faire

(1) Ortolan, M. Gide, M. Accarias.

voir que les objections du système contraire ne sauraient procéder.

Tout d'abord, pour atténuer l'autorité du § 16, on veut que les compilateurs l'aient composé en insérant par mégarde au milieu du § 219 de Gaius, un fragment d'Ulpien qui forme au Digeste la loi 7, § 7, liv. IV, tit. III (1). Or, tout en rendant hommage à la patiente érudition qui a su trouver l'origine du § 16, il est permis de douter que cette découverte soit démonstrative. Qu'importe la source d'où dérive ce texte, si le sens qu'il présente est parfaitement clair. On démontre bien que le § 16 a été formé par la combinaison de deux fragments différents, mais nullement que cette combinaison ait été faite par inadvertance et que les commissaires de Justinien aient dit ce qu'ils ne voulaient pas dire. La seconde objection consiste à dire que les expressions « actio in factum » et « actio utilis legis Aquiliæ, » sont très-souvent prises l'une pour l'autre, et l'on fait très-aisément la démonstration en prouvant que des espèces ou identiques ou analogues sont prévues par deux textes différents dont l'un donne l'action utile, l'autre l'action *in factum* (2).

Nous répondons que, dans tous les cas où ces deux dénominations sont employées indifféremment, il s'agit d'un *damnum* causé « non corpore, » mais certainement causé « corpori. » Les textes cités établissent donc bien que l'action *in factum* donnée quand le *damnum* est « non corpore datum » est une action utile de la loi Aquilia, mais ce point n'est pas même contesté. Mais, au contraire, on n'a pu citer deux espèces identiques ou analogues où l'élément « corpori » faisant défaut on donnât cependant l'action utile

(1) M. de Savigny.
(2) L. 51, liv. XLVII, tit. IV ; L. 53, *h. tit.*

dans l'une, et dans l'autre l'action *in factum*. En résumé,
partout où il est question d'action utile, le *damnum* est
corpori datum; quand le *damnum* n'est pas *corpori datum,* jamais les textes n'emploient l'expression d'action
utile (1).

Concluons donc en disant que la loi Aquilia reste toujours
sans application quand le dommage ne consiste pas dans la
destruction totale ou partielle d'un objet matériel.

(1) Conf. la L. 27, § 19, et L. 7, § 7.

DROIT FRANÇAIS

DE LA RESPONSABILITÉ DES NOTAIRES

INTRODUCTION

DES NOTAIRES ET DE LEUR MINISTÈRE

La théorie de la responsabilité des notaires emprunte un haut intérêt à l'importance du rôle que jouent ces officiers publics dans le monde des affaires. Il n'est guère d'opération juridique importante où n'intervienne à quelque titre ce grand corps, qui compte en France plus de neuf mille membres, et la statistique porte à plus de trois millions le nombre des actes que les notaires sont annuellement appelés à passer. « A côté des fonctionnaires qui concilient et jugent les différends, la tranquillité appelle d'autres fonctionnaires qui, conseils désintéressés des parties aussi bien que rédacteurs impartiaux de leurs volontés, leur faisant connaître toute l'étendue des obligations qu'elles contractent, rédigeant ces engagements avec clarté, leur donnant le caractère d'un acte authentique et la force d'un jugement en dernier ressort, perpétuant leur souvenir et conservant leur dépôt avec fidélité, empêchent les différends de naître entre les hommes de bonne foi et enlèvent aux hommes cupides avec l'espoir du succès l'envie d'élever une injuste contestation. Ces conseils désintéressés, ces rédacteurs impartiaux, cette espèce de juges volontaires qui obligent irrévocablement les parties contractantes sont les notaires ; cette institution est le notariat. » (Réal, *Exposé des motifs*.)

Le notariat doit son importance à l'utilité de la fonction sociale qu'il est appelé à remplir. Les engagements des particuliers passés pour ainsi dire dans l'ombre, sans autres témoins que les intéressés, ont toujours en eux quelque chose d'incertain qui permet à la mauvaise foi de les méconnaître trop facilement. La présence de témoins privés, jamais à l'abri du soupçon, d'ailleurs exposés à disparaître, ne suffit pas à leur donner une autorité qui manque à ces témoins eux-mêmes. Il faut donc que la société y intervienne ; qu'elle assiste pour ainsi dire à la convention, afin qu'appelée à trancher les différends auxquels cette convention aura donné naissance, elle puisse prendre pour éléments de sa décision des faits dont elle s'atteste à elle-même la vérité. C'est ce qu'elle fait par le ministère du notaire. « Periret omnis judiciorum vis, nisi essent notarii qui acta conscriberent, periret ipsa veritas et fides in contractibus et commerciis, periret omnis ordo in judicio forensium causarum nisi esset aliqua fidelis publicaque persona cui judex crederet (1). »

____

(1) Chasseneux, *Catal. gloriæ mundi.*

Ainsi, cette fonction, en même temps qu'elle constitue la raison d'être du notariat, est aussi ce qui lui donne son relief. Longtemps, elle demeura confiée aux membres des tribunaux (1) : le notaire ne fut alors qu'un scribe recevant les conventions des parties quand celles-ci étaient incapables de les rédiger elles-mêmes, mais sans leur communiquer le caractère de l'authenticité qui ne résultait que de la présentation des actes faite devant témoins au magistrat chargé de les revêtir du sceau public. Tels furent les notaires chez les Égyptiens, les Juifs, les Grecs et même les Romains. C'est chez ce dernier peuple que le notariat commença, assez tard d'ailleurs, à prendre quelque importance. A partir de l'an 401 après J. C., il fut défendu de choisir les notaires parmi les esclaves, chez lesquels ils s'étaient jusque-là recrutés (2). Plus tard, sous le nom de tabellions, ils revêtirent même le caractère d'officiers publics : les anciens *scribæ, tabularii, cursores, logographi, notarii,* ne furent plus que leurs clercs et ne rédigèrent plus que de simples notes (*scheda*) auxquelles les tabellions donnaient ensuite une expression définitive (*complexio contractus*), qui formait seule le lien de droit. Mais ces actes, malgré la présence de deux témoins qui y apposaient leur cachet (3), n'acquéraient l'authenticité que par la transcription sur le registre d'audience et l'insertion *apud acta* (4). Ce fut cette insertion qui fit donner le nom de *scripturæ publicæ* aux actes des tabellions, jusque-là appelés *scripturæ forenses.*

En France, avant saint Louis, le droit de passer des actes

(1) C'est encore ce qui a lieu en Prusse.
(2) L. 3, C., *de Tab. scrib.*
(3) Nov. 44, 71, 73.
(4) L. 1, C., *de magn. Munic.;* L. 18, C., *de Test.*

authentiques se confondit entièrement avec celui de rendre
la justice (1). Seulement, une simplification fut introduite
dans le système romain. Au lieu d'écrire l'acte séparément
et de l'apporter ensuite à l'autorité judiciaire, on vint dès
l'abord le passer devant le comte qui le faisait écrire par son
chancelier ; plus tard, ce fut devant le juge et son greffier (2).
Enfin un jour arriva où le greffier se mit à rédiger les actes
hors de la présence du juge, et Loyseau expose avec quelque
détail cette innovation qui fut, dit-il, introduite par interprétation du droit romain, d'après lequel les publications
devaient être faites *apud acta* « sive apud officium. » Mais
les greffiers n'eurent pas pour cela une autorité propre, et
comme le dit Loyseau : « C'est le juge qui parle en
iceux (3). »

Il faut arriver à saint Louis pour voir le notariat prendre
enfin une existence distincte (1270). Ce roi institua pour la
prévôté de Paris soixante notaires. Mais l'étroite relation
qui unissait les fonctions judiciaires et les fonctions notariales continua à se maintenir et n'a même été entièrement
rompue qu'à la Révolution. Ainsi les actes étaient reçus par
deux notaires, au Châtelet même ; ils étaient intitulés du
nom du prévôt de Paris (4), et les deux notaires devaient,
l'acte une fois rédigé, le porter ensemble au scelleur qui
avait son bureau près de leur salle, afin qu'il y apposât,
sous l'autorité du prévôt, le sceau de la juridiction du
Châtelet. Philippe-le-Bel étendit cette institution à tous ses
domaines (5).

(1) Le droit de rendre justice s'adjugeait avec les autres parties du
domaine : justice, recouvrement des amendes, greffe, notariat, tout passait
au dernier enchérisseur. (*Exposé des motifs de la loi de ventôse.*)

(2) Loyseau, liv. II, chap. V, n° 48.

(3) *Loc. cit.*, n° 49.

(4) Ils l'ont été jusqu'en 1789.

(5) Ordon. de mars 1304.

Les soixante notaires de Louis IX étaient à la fois notaires et tabellions. Le reste de la France suivait la distinction romaine, et quand François 1er (édit de nov. 1542) créa dans toutes les juridictions royales des notaires et des tabellions, il réserva à ceux-ci le droit exclusif de délivrer les grosses des actes reçus par les premiers. En outre, le droit d'apposer sur les actes le sceau de la juridiction appartenait à des officiers spéciaux appelés gardes-scelleurs. Enfin, Henri III (édit de mai 1575) institua des gardes-notes pour la conservation des protocoles des notaires qui cesseraient leurs fonctions par mort, démission ou autrement.

Ainsi, l'institution n'arriva pas d'abord à l'unité : ce fut Henri IV (1) qui réunit les fonctions jusque-là divisées des notaires, des tabellions et des gardes-notes, en créant des offices héréditaires de notaires-tabellions-gardes-notes. Enfin, Louis XIV (2) supprima la charge de garde-scel et disposa que les notaires auraient un sceau aux armes du roi et l'apposeraient eux-mêmes.

La Révolution trouva en France trois classes de notaires : les notaires royaux, qui exerçaient en vertu d'une provision délivrée par le roi dans le ressort des bailliages et sénéchaussées auxquelles ils étaient attachés (3) ; — les notaires seigneuriaux, nommés par les seigneurs justiciers pour recevoir les actes des habitants du lieu ressortissant à leur justice, — les notaires apostoliques, créés surtout pour les prises de possession des bénéfices et les autres actes ecclésiastiques (4).

(1) Édit de mai 1597.

(2) Édit d'août 1706.

(3) Toutefois ceux de Paris, Montpellier et Orléans, pouvaient instrumenter par toute la France.

(4) Voir Ordonn. de Philippe-le-Bel, 1402. — Loyseau, *des Seigneuries*, chap. VIII.

Les lois de 1791 (29 septembre-6 octobre) et du 25 ventôse an XI, ont supprimé ces distinctions et établi sous le nom d'officiers publics une seule catégorie de notaires. — En outre, elles ont complétement changé le caractère du notariat, qui, au lieu d'être une « émanation de l'autorité judiciaire, » est devenu, disait Toullier, « une délégation immédiate de la puissance royale. »

Si l'on y joint les règles sur le ressort et la limitation du nombre des notaires (1), on aura là les innovations capitales du droit moderne (2). On voit qu'elles portent avant tout sur l'organisation du notariat. Quant à ses fonctions, elles restèrent les mêmes, et c'est là une observation qui trouvera son emploi dans le cours de cette étude.

Les notaires sont aujourd'hui des fonctionnaires publics, c'est-à-dire des dépositaires d'une portion de la puissance publique (3). La citation que nous avons empruntée à l'exposé des motifs nous les présente sous des aspects divers : conseils désintéressés, juges volontaires, rédacteurs impartiaux. L'orateur, pour montrer dans toute sa grandeur le rôle des notaires, devait grouper ainsi tous les services qu'ils rendent, tous les titres auxquels ils interviennent dans les conventions privées. Il a constaté en fait ce qu'était leur action lorsqu'ils remplissaient convenablement leurs obligations, tant morales que légales.

Nous nous placerons à un point de vue moins élevé, et quand nous aurons à déterminer l'étendue des devoirs du notaire, nous nous demanderons exclusivement en droit

______

(1) On en comptait plus de 40,000.

(2) Les lois de 1791 et de ventôse en avaient fait une autre très-importante en abolissant la vénalité. Mais on sait que celle-là n'a malheureusement pas duré.

(3) L. vent., art. 1er, et rapp. au Trib.

quelles sont leurs obligations légales, puisque ce sont celles-là seules dont la violation est susceptible d'engager leur responsabilité. C'est donc au texte même de la loi que nous demanderons la nature du rôle qu'elle impose au notaire et nous chercherons la base de cette étude dans l'art. 1er de la loi de ventôse, qui nous montrera dans les notaires ce que l'histoire nous y a fait voir : « des fonctionnaires publics établis pour recevoir tous les actes et contrats auxquels les parties doivent ou veulent faire donner le caractère d'authenticité attaché aux actes de l'autorité publique, et pour en assurer la date, en conserver le dépôt, en délivrer des grosses et expéditions. »

Mais, à côté de la fonction publique, nous trouverons souvent une mission privée offerte par les parties au notaire que leur recommandent naturellement son expérience, son habitude des affaires et les garanties d'honorabilité qu'offre le choix du Gouvernement. Le notaire ne se borne pas toujours à constater authentiquement les opérations juridiques auxquelles se livrent les particuliers; il n'est pas rare qu'il intervienne dans ces opérations mêmes pour les préparer ou en diriger l'exécution. C'est alors un agent d'affaires tenu selon les règles du contrat dans les liens duquel il est entré.

C'est assez dire que le notaire peut encourir deux sortes de responsabilité : l'une, dans l'exercice des fonctions notariales auxquelles il ne peut se soustraire, c'est la responsabilité professionnelle; l'autre, dans l'exécution des missions dont il se charge volontairement, c'est la responsabilité contractuelle. Nous tirerons de là notre principale division.

Mais avant d'aborder l'étude de la responsabilité des notaires telle qu'elle est comprise et appliquée aujourd'hui, il convient de jeter un coup d'œil rapide sur les traditions d'ailleurs très-incomplètes que nous ont léguées, sur ce point, le droit romain et l'ancien droit.

Les renseignements que l'on peut tirer du droit romain sont absolument insuffisants pour nous faire savoir ce que pouvait être la responsabilité du scribe dont le caractère était d'ailleurs, on l'a vu, si différent de celui des notaires de nos jours. Deux textes, sans plus, y font allusion : l'un, la loi 6, C., *de Magist. conven.*, punit le scribe qui, par négligence ou par dol, aura commis une inexactitude dans l'estimation des biens d'un mineur de 25 ans; l'autre, la loi 29, C., *de Testam.*, établit une présomption de dol contre celui qui, chargé de rédiger un testament, ne l'aura pas fait dans les formes légales.

Notre ancien droit ne peut non plus nous fournir sur ce point une théorie certaine et complète.

Il admit toujours l'action fondée sur le dol et la fraude : aucun doute n'est possible à cet égard. Quant à l'impéritie, une note de Denis Godefroid (1) énonce que le notaire en était tenu : « *Notarius de dolo et imperitia tenetur.* » Cependant on disait, comme maxime courante, qu'en France, « le titre de *Magistratibus conveniendis* n'a point lieu, » et l'on faisait au notaire l'application de cette maxime. Des nombreux arrêts rapportés par Brodeau, Louet, Henrys, Furgole et Denisart, on ne peut rien conclure, si ce n'est l'extrême confusion dans laquelle était tombée la matière.

Les auteurs qui, de nos jours, ont écrit sur la responsabilité des notaires, ont pris texte de cette obscurité pour dire, les uns que l'étude de l'ancien droit ne peut être ici d'aucune utilité, les autres que la responsabilité n'existait pas en dehors des cas de dol ou de faute lourde assimilable

—————

(1) Sous la loi 6, *de Magist. conven.*

au dol. Nous ne saurions adhérer ni à l'une ni à l'autre conclusion.

Une déclaration du 29 septembre 1722 portait « que les notaires demeureraient responsables des dommages-intérêts que les parties pourraient souffrir par la nullité de leurs actes, » et quoi que l'on en ait dit, l'interprétation de cette déclaration par la jurisprudence n'en avait nullement réduit l'application aux cas de dol ou de faute lourde. La vérité, c'est que la jurisprudence avait distingué entre les causes de nullité, et nous pensons qu'il faut toujours le faire. L'auteur qui peut sur ce point nous fournir le plus de lumières est Ferrière, dont l'ouvrage écrit dans la dernière moitié du XVIIIᵉ siècle peut être considéré comme donnant la formule du dernier état du droit.

Il a consacré à la responsabilité du notaire tout un chapitre (1) de son traité *le parfait Notaire*. Il commence par constater les variations dont nous avons parlé, mais ensuite il présente comme certaine une distinction capitale qui prouve que la question avait fait un grand pas :

« Il n'y a point de doute, dit-il, que les notaires ne doivent point être tenus des dommages-intérêts des parties, quand la nullité de leurs actes provient de la disposition du Droit et des Coutumes, pourvu qu'il n'y ait point de dol ni de faute si lourde qu'elle soit inexcusable et mérite de passer pour dol ; mais ils doivent être tenus des dommages-intérêts des parties, quand la nullité de leurs actes provient de ce qu'ils auraient fait quelque chose contraire aux Ordonnances. » Le motif, c'est qu'ils ne sauraient être excusés « d'ignorer ou de ne pas observer les ordonnances qui concernent principalement leurs fonctions. » Plus loin,

(1) Le XVIIᵉ du liv. I.

il déclare que « les notaires ne sont pas garants de la nullité des faits ni des actes mis en avant ou produits par l'une des parties, pourvu qu'il n'y ait point de fraude de leur part. » Enfin, il ajoute qu'un notaire « n'est point tenu de la nullité de l'acte qui provient de l'interdiction de l'un des contractants, » parce que « un notaire n'est pas obligé de consulter à chaque contrat qu'il passe le tableau des interdits. »

Ce qui nous paraît ressortir de ces textes, c'est que l'on avait fini par distinguer avec une certaine netteté le rôle du notaire et celui des parties dans la confection des actes. Les parties, par cela seul qu'elles avaient requis du notaire la constatation authentique de l'opération à laquelle elles se livraient, n'étaient nullement dispensées de veiller elles-mêmes à la validité de cette opération, par exemple de s'enquérir de la capacité de ceux avec qui elles traitaient. Aussi, l'acte était-il entaché d'une nullité tenant au *fond du droit* (Droit et Coutumes), c'était les parties qui étaient en faute. Le notaire n'en répondait pas, parce qu'il était irréprochable. On faisait seulement exception pour les cas de dol (car le dol est toujours punissable) et de faute lourde, car elle a toujours été assimilée au dol. Au contraire, la nullité provenait-elle de ce que les règles imposées au notaire par les Ordonnances n'avaient pas été observées, évidemment il était coupable et ne pouvait même être excusé. Aussi, était-il responsable bien qu'il fût exempt de dol et de faute lourde.

Telles étaient, en dernière analyse, les vues de l'ancien droit sur la responsabilité professionnelle du notaire et la distinction fondamentale à laquelle il était arrivé, du fait des parties et du fait du notaire. C'est aux parties de former une convention valable, c'est au notaire de lui donner une expression convenable. Or, cette distinction nous paraît en elle-même si raisonnable, elle est si bien fondée sur la nature des choses que nous n'hésiterons pas à en faire encore aujourd'hui l'idée directrice de la théorie de la responsabilité des notaires, si elle n'a pas été écartée par les lois de 1791 et de ventôse an XI. Ce n'est pas à dire que nous serions d'accord avec l'ancienne jurisprudence sur toutes les applications de cette idée. On peut très-bien différer d'opinion sur le classement des causes de nullité dans l'une ou l'autre catégorie, et nous en verrons la preuve en étudiant les nullités des testaments. Mais le principe nous paraît en soi de la plus grande exactitude : il doit continuer à régir la matière si les lois modernes ne lui en ont pas substitué un autre.

En somme, cette distinction faite, ce que l'ancienne jurisprudence appliquait à la faute du notaire, c'était le droit commun lui-même, ce droit commun qui a trouvé plus tard son expression dans l'art. 1382 du Code civil, et qui déjà avait été formulé par Domat avec la plus grande netteté. Il est donc inexact de prétendre que le notaire n'était pas responsable en dehors du dol ou de la faute lourde.

Cela dit sur le principe, nous nous contenterons de renvoyer, pour l'indication d'un certain nombre de textes qui prononçaient la responsabilité dans quelques cas déterminés : 1° à la brochure de M. Pont sur la *Responsabilité des notaires*, 2ᵉ édit., 1860, p. 28 ; 2° au *Manuel théorique et pratique du notariat*, de MM. E. Clerc, Dalloz et Vergé, tableau chronologique, *passim*.

L'ancien droit avait dû se demander si le notaire n'était pas passible d'une certaine responsabilité contractuelle et s'il ne se trouvait pas dans les liens d'un louage de services. — Mais l'action de louage était écartée sans hésitation par application de la loi 1, *Si mensor* (1). La partie, disait-on, avait à s'imputer à elle-même d'avoir choisi un notaire négligent.

C'est encore aujourd'hui une question débattue que de savoir si les travaux de l'ordre intellectuel forment la matière d'un mandat ou d'un louage. MM. Aubry et Rau vont même jusqu'à dire que ces travaux ne peuvent faire l'objet d'aucun contrat. (471 *bis*, note 1.)

La loi des 29 septembre-6 octobre 1791, n'a posé nulle part le principe de la responsabilité, — nulle part elle ne l'a organisé. Mais elle l'a admis et l'a sanctionné en obligeant le notaire à fournir « un fonds de responsabilité en deniers à titre de garantie de ses fonctions (2). »

Enfin la loi de ventôse n'a pas innové plus que la précédente. — Elle n'a formulé aucune règle générale ; elle a seulement prononcé expressément la responsabilité dans plusieurs textes spéciaux (art. 6, 12 16, 18, 23), et notamment dans l'art. 68. — Nous aurons à nous y arrêter longuement.

---

(1) Merlin, vº *Nullité*, § 5. — On admettait unanimement que l'action de louage ne pouvait être exercée, en dehors du dol et de la faute lourde, « contre les personnes dont les travaux tiennent plus à l'esprit qu'au corps et qui, par cette raison, n'en reçoivent la rétribution qu'à titre d'honoraires. »

(2) Art. 16 et suiv., titre I.

LIVRE PREMIER

RESPONSABILITÉ PROFESSIONNELLE

La condition de toute action en dommages-intérêts c'est l'existence d'un préjudice causé au demandeur. La loi générale française n'admet pas, en effet, que la responsabilité soit engagée par la seule violation d'un devoir, si précis qu'il soit, si, d'ailleurs, aucun préjudice n'en est résulté. Et ce principe incontesté n'est pas moins applicable à la théorie spéciale qui fait l'objet de cette étude.

L'art. 68 de la loi de ventôse, tout en déclarant formellement que l'inobservation de certaines règles tracées par elle pour la rédaction des actes authentiques entraînerait la nullité de l'acte, réserve aux parties le droit de réclamer des dommages-intérêts au notaire contrevenant ; mais elle subordonne toutefois leur action à l'existence d'un préjudice, et par les mots « s'il y a lieu » prévoit expressément le cas où la nullité de l'acte n'en occasionnerait aucun (1).

Ce point évident en soi ne mérite pas de nous arrêter davantage.

Nous en dirons autant de la seconde des conditions nécessaires pour que le défendeur puisse être condamné : il faut pour cela que le préjudice constaté soit la consé-

(1) Éloy, nº 12 ; Req., 13 juin 1864 ; Req., 25 juin 1867.

quence même de son fait et ne puisse être attribué à une autre cause. De nombreux arrêts sont venus déclarer que la nullité de l'acte, en tant qu'authentique, ne devenait pas pour le notaire une source de responsabilité, si, à supposer cet acte valable, la volonté des parties n'était pas elle-même susceptible de produire un effet utile (1).

Enfin, il n'est pas non plus besoin d'insister longuement sur les deux considérations qui suivent :

1º Une controverse sérieuse sur un point de droit peut être une cause d'excuse suffisante. La loi, sans doute, doit être observée, mais, pour qu'elle puisse l'être, la première condition c'est qu'elle soit connue, et si sa portée échappe à tout le monde au point que des dissidences graves partagent en deux camps à peu près égaux et les auteurs et les arrêts, on ne peut assurément reprocher au notaire d'avoir pris parti dans un sens plutôt que dans un autre. *In dubiis libertas.* Cette règle de théologie est aussi une règle de droit. Le tribunal appelé à connaître de l'affaire, quand même il ne partagerait pas sur la question, l'opinion du notaire, doit néanmoins l'absoudre, si le doute pouvait sérieusement s'élever. Tout en estimant que le notaire s'est trompé sur le sens de la loi, le tribunal doit reconnaître là une sorte d'erreur commune (2). Mais si, dans le choix même qu'il a fait, le notaire s'était montré imprudent; si, par exemple, des deux voies qui s'offraient à lui, l'une ne devait faire courir à son client aucun péril, il est en faute de ne l'avoir pas prise, et, par suite, doit la réparation du préjudice.

2º Il n'est pas moins certain que si la partie elle-même est en faute, les tribunaux pourront prendre cette circons--tance en considération, soit pour atténuer la responsabilité

____

(1) Cass., Req., 17 juin 1856 ; Colmar, 16 août 1864.
(2) Toulouse, 1859 ; Metz, 30 août 1837.

du notaire, si la faute est commune (1), soit pour l'exonérer complétement, si le notaire a été induit en erreur par la partie, ou si celle-ci peut être considérée comme s'étant appropriée la faute tout entière.

Tout cela n'est que l'application pure et simple du droit commun.

On a voulu trouver une autre cause d'excuse dans la présence d'un conseil assistant les parties. Nous ne croyons pas que cela soit de nature à faire fléchir le principe. Les obligations qui sont imposées au notaire, en tant que fonctionnaire public, n'incombent qu'à lui : un contrôle émané des parties ou de leur conseil, quelque utile qu'il puisse être, n'est pas nécessaire, mais il ne serait pas non plus suffisant pour faire disparaître la faute que le notaire a commise en manquant à l'un de ses devoirs légaux.

Du reste, il faut bien le dire, la Cour de cassation attribue aux juges du fond, un pouvoir souverain pour apprécier les circonstances qui excluent toute responsabilité de la part d'un notaire (2).

Si nous avons pu passer rapidement sur les points qui précèdent, nous allons, au contraire, avoir à nous arrêter assez longuement sur le dernier des éléments constitutifs de la responsabilité. Nous avons à rechercher quels sont les faits qui donnent ouverture à l'action en responsabilité. Or, on sait que l'auteur d'un préjudice n'est tenu de le réparer qu'autant que l'on peut lui reprocher une faute, c'est-à-dire une action ou une omission contraire au droit, la violation de l'un de ses devoirs généraux ou spéciaux. En outre, si la faute commise est contractuelle, sa gravité doit être prise en considération. Il est donc nécessaire de déterminer

____

(1) Req., 31 mai 1862 ; Lyon, 28 février 1867.
(2) Cass., 2 mars 1874.

d'abord : 1° la nature de la responsabilité encourue par le notaire dans l'exercice de ses fonctions ; 2° les caractères des fautes susceptibles d'engager cette responsabilité. Nous nous demanderons ensuite quels sont les agissements qui doivent être considérés comme constituant la violation des devoirs professionnels, c'est-à-dire, en dernière analyse, quelle est l'étendue de ces devoirs, soit dans la réception des actes, soit en dehors. La réception des actes étant la première et la principale fonction du notaire, et proprement le but de son institution, nous devrons l'étudier avec une attention toute particulière.

SECTION I.

NATURE DE LA RESPONSABILITÉ PROFESSIONNELLE.

La responsabilité encourue par le notaire dans les actes qui constituent son ministère nécessaire, celui qu'il ne peut refuser, est-elle délictuelle ou contractuelle ? C'est demander en quelle qualité agit alors le notaire, si la réquisition des parties a pour effet de le placer avec elles dans les liens d'un contrat de mandat ou de louage ou de mettre en mouvement l'activité d'un fonctionnaire, agent direct de l'État ; si les lois qui ont réglé cette activité ont voulu organiser à l'avance l'exécution d'une convention privée ou l'exercice d'une fonction publique.

L'homme du monde consulté répondrait probablement que le notaire exécute une mission privée. On s'est, en effet, tellement accoutumé à voir dans le notaire une espèce particulière d'hommes d'affaires que son caractère de fonctionnaire public échappe au regard inattentif. Mais, pour le jurisconsulte, la question ne devrait pas pouvoir comporter cette solution. Aux termes de l'art. 1ᵉʳ de la loi de ventôse, le notaire est un fonctionnaire public : sa fonction consiste à constater authentiquement les volontés privées. Il leur donne la certitude qui s'attache « aux actes de l'autorité publique. » Aussi ses actes sont exécutoires « dans toute l'étendue de l'Empire (art. 19) ; » les grosses qu'il délivre sont intitulées et terminées « dans les mêmes formes que les jugements des tribunaux. » Enfin, le notaire est tenu de prêter son ministère quand il en est requis (art. 3). Le rapprochement de ces textes doit suffire à écarter l'idée d'une convention privée.

Cependant, sur la foi d'un arrêt de Cassat. du 27 janvier 1812, MM. Troplong (*Mand.*, 217), Championnière et Rigaud (1482) et plusieurs décisions judiciaires ont répété que la réquisition des parties fait du notaire un mandataire. On a même donné à cette idée un sens absolu qu'elle n'avait pas dans l'arrêt de 1812.

Cet arrêt statuait dans une espèce où un notaire poursuivait solidairement pour le paiement de ses honoraires plusieurs cohéritiers qui avaient collectivement requis son ministère. Ceux-ci repoussaient la solidarité en soutenant qu'ils étaient locateurs d'ouvrage et non mandants. Leur prétention, admise par la Cour de Paris, fut repoussée par la Cour de cassation, qui, entre le louage d'ouvrages et le mandat, choisit le mandat. Mais cette manière de voir est formellement condamnée par MM. Aubry et Rau (410, note 2 ; 414, note 3 et note 12 ; 371 *bis*, note 1) et par M. Pont (sur l'art. 1985). Le notaire, dans l'exercice de ses fonctions notariales, n'est ni *locator operarum* ni mandataire privé. Les parties sont présentes à l'acte par elles-mêmes ou par un fondé de pouvoirs ; le notaire y est également, mais il agit en son propre nom et pour lui-même. Il ne pourrait même pas agir au nom des parties; s'il était leur mandataire, il ne pourrait plus conférer à l'acte l'authenticité. C'est ce que décide avec raison une jurisprudence inattaquable (1).

Nous n'insisterons pas davantage sur cette question. Il nous paraît certain que le notaire n'est pas le mandataire privé des parties. Plus souvent d'ailleurs, les arrêts conviennent que le notaire est un fonctionnaire public, mais mettent à sa charge un mandat légal d'éclairer les parties, de prendre en leur lieu et place certaines précautions destinées à assurer l'efficacité des conventions qu'il constate, mandat rentrant essentiellement, dit-on, dans ses fonctions. L'exactitude de ce second point de vue sera examinée quand nous étudierons l'étendue des devoirs professionnels du notaire.

SECTION II.

DES FAUTES SUSCEPTIBLES D'ENGAGER LA RESPONSABILITÉ PROFESSIONNELLE DU NOTAIRE.

Quels faits présentent le caractère de la faute; quelles fautes obligent le notaire à la réparation du préjudice qu'elles ont causé? Tels sont les deux points qui s'imposent à notre examen.

On sait à quelles conditions le droit commun subordonne l'existence de la faute et qu'elle se ramène toujours à la violation d'un devoir général ou spécial. Le préjudice résulte-t-il d'un fait de commission? L'auteur de ce fait ne pourra se soustraire à la réparation qu'en prouvant qu'il

______

(1) Cass., 11 juillet 1859; Toulouse, 31 juillet 1830; Rouen, 2 février 1829.

avait le droit d'agir comme il l'a fait. Lui reproche-t-on,
au contraire, une omission? Quelque condamnable qu'elle
puisse paraître en morale, l'auteur ne sera tenu d'en réparer les suites que s'il était obligé d'agir.

Mais si d'ailleurs il est constant que la faute existe et que
le préjudice en est la conséquence, c'est pour le juge non-
seulement une faculté, mais un devoir de condamner ce
défendeur, et en matière de responsabilité délictuelle,
quelque légère que soit la faute, c'est pour celui qui en
souffre un droit absolu d'en obtenir la réparation.

En matière de responsabilité contractuelle, il en est
autrement, et l'on connaît les efforts du législateur et de la
doctrine de toutes les époques pour édifier le système que
l'on a appelé la théorie des fautes. On convient d'ailleurs
que cette théorie ne forme pour le juge qu'un simple conseil.

§ 1ᵉʳ. — *Caractères de la faute professionnelle.*

Dans une opinion qui a rallié la majorité des auteurs et
qui a été défendue avec une grande habileté notamment par
M. Pagès et par M. Pont, on soutient « que la responsabilité
des notaires doit être sagement restreinte dans les limites
légales ou tout au moins dans le cercle des devoirs particuliers et essentiels de la profession ; les art. 1382 et 1383
du Code civil ne sauraient être appliqués légalement à la
responsabilité des notaires (1). » Le véritable principe de la
matière se trouve dans l'art. 68 de la loi de ventôse, qui,
non-seulement le pose, mais l'organise.

Comment, dit-on, a procédé ce texte? Par voie d'énumération. Or, si d'ordinaire les énumérations sont restric-

(1) Pagès, p. 9.

tives, combien cette règle ne doit-elle pas être maintenue avec plus de vigueur quand il s'agit d'une peine à appliquer, puisqu'il est de principe certain que toute disposition pénale est de droit étroit!

L'ancien droit avait relevé dans les coutumes, les édits, les arrêts de règlement, divers cas en dehors desquels il n'admettait pas la responsabilité; or, ce sont précisément ceux-là que l'art. 68 a consacrés. Il y a là une circonstance très-significative et qui, à elle seule, devrait empêcher de penser que la loi de ventôse ait voulu élargir le champ des applications.

Mais s'il restait un doute sur ce point, ce doute disparaîtrait devant les déclarations si précises qui furent faites dans la discussion de la loi sur le notariat. L'art. 68 avait déjà été l'objet de quatre rédactions successives quand, sur la demande du Tribunat, on y introduisit le paragraphe relatif à la responsabilité. La rédaction proposée portait ces mots, qui seraient décisifs s'ils avaient passé dans la loi : « sauf, *dans tous les cas*, les dommages-intérêts contre le notaire contrevenant. » Mais, précisément, ils furent modifiés par le Conseil d'État, et c'est alors que le texte reçut la forme bien différente qu'il a conservée : « sauf *dans les deux cas, s'il y a lieu.* » Voilà comment il s'exprime, et quand on compare les deux formules, ne devient-il pas évident que le législateur a expressément limité aux hypothèses qu'il prévoit dans l'art. 68, les cas où la responsabilité du notaire pourrait être prononcée ?

Que sera-ce donc si les autres éléments de la discussion viennent rendre plus claire encore, s'il se peut, la pensée restrictive de la loi. M. Réal, dans son *Exposé des motifs*, parle deux fois de la responsabilité. A l'occasion du cautionnement, il déclare en propres termes que « le Gouvernement adopte les motifs de la Constituante. » Or, le but de la Constituante, il suffit pour s'en convaincre de lire l'*Exposé des motifs* fait à cette Assemblée, par M. Frochot, le 15 septembre 1791, fut de rendre efficace la responsabilité telle qu'elle était établie, soit par des textes spéciaux, soit par la théorie des auteurs et des arrêts. Plus loin, sur l'art. 68, le même orateur fait entendre ces paroles encore plus concluantes : « L'art. 68 prononce d'après les anciens principes. »

Enfin M. Jaubert, au Corps législatif, indique avec la dernière netteté que l'art. 68 est limitatif : « Le projet, dit-il, classe de la manière la plus claire les divers effets que devront produire les contraventions, soit à l'égard de la société, soit envers les tiers lésés. Ainsi, on voit *dans quels cas les parties* peuvent obtenir des dommages-intérêts, dans quels cas aussi il peut y avoir lieu à amende, à suspension, à destitution. Une sage graduation est établie pour ces diverses peines. » Dire que la loi a énuméré les cas dans lesquels les parties peuvent obtenir des dommages-intérêts, n'est-ce pas dire que, dans tous autres, elles n'en pourront réclamer ; mettre les dommages-intérêts au rang des peines, n'est-ce pas indiquer qu'il n'est pas plus permis de les prononcer en dehors des cas prévus, que la destitution, la suspension et l'amende ?

Dira-t-on que l'art. 1382, qui pose une règle beaucoup plus large, est venu détruire la théorie de la loi de ventôse ? Mais ce serait oublier cette règle fondamentale que les principes généraux sont sans force pour modifier les lois spéciales : « In toto jure generi per speciem derogatur et illud potissimum habetur quod ad speciem directum est (1). »

(1) L. 80, Dig., *de Reg. jur.*

« Il faut dans chaque genre d'affaires, a dit Daguesseau, consulter la loi qui lui est propre, autrement tout deviendrait incertain, si l'on voulait, pour ainsi dire, dépayser les principes (1). »

Il est d'ailleurs une autre raison qui doit faire écarter les art. 1382 et 1383, c'est qu'ils visent exclusivement les dommages dont la cause est purement matérielle, et non ceux dont la source est dans les travaux qui ont trait à l'intelligence.

La théorie spéciale de l'art. 68 demeure donc tout entière (2). Est-il bien nécessaire de justifier le législateur de l'avoir admise? N'existait-il pas pour restreindre la responsabilité du notaire des raisons de même nature que celles qui ont fait énumérer avec précision les faits susceptibles de donner ouverture à la prise à partie? La plus grande analogie se rencontre entre la prise à partie et la responsabilité notariale : le notaire exerce une véritable magistrature, et c'est le législateur lui-même qui lui a donné le beau nom de « juge volontaire. » Il y a plus, et tandis que ses fonctions lui confèrent moins d'autorité et de prestige que celles du magistrat, elles emportent avec elles encore plus de difficultés et de périls, car les opérations dans lesquelles il intervient sont à la fois plus compliquées et plus nombreuses que les procès (3). Aussi, au temps même où la prise à partie n'avait pas encore été resserrée dans les limites étroites qui la renferment aujourd'hui, déjà l'esprit général de la doctrine et de la jurisprudence était de restreindre le plus possible la responsabilité notariale. La

(1) *Œuvres*, t. VIII, p. 483.

(2) Cass., 27 novembre 1837.

(3) Le rapport du chiffre des procès à celui des actes notariés est approximativement de 1 à 4.

sagesse de nos vieux auteurs et des anciens parlementaires avait compris ce qu'exprime si bien un illustre magistrat de notre temps : « Qu'il n'est pas bon de pousser à l'excès la responsabilité des notaires et qu'il ne faut pas environner de trop de périls des fonctions déjà si délicates et si difficiles. » (Troplong.)

Cette argumentation est grave, assurément, et longtemps elle a entraîné l'adhésion de la jurisprudence. Le 27 novembre 1837, la Cour de cassation déclarait encore, en confirmant la doctrine d'un arrêt de Lyon (18 janvier 1832), « que les art. 1382 et 1383 n'ont point abrogé le droit spécial relatif au notariat. »

Mais, déjà le 19 avril 1836, elle avait accepté celle d'un autre arrêt de la même Cour, qui décidait, au contraire, « que pour tous les vices de forme, fautes ou erreurs par eux commises dans la rédaction des actes qu'on passe devant eux, et *s'il* en résulte quelque *préjudice, il y a lieu* sans difficulté d'appliquer aux notaires, comme à tout autre, la disposition des art. 1382 et 1383 du Code civil, lesquels proclament d'une manière absolue contre tout individu qui a nui à autrui, non-seulement par son fait, mais encore par sa négligence ou son imprudence, la responsabilité du dommage qu'il a causé. »

C'est à cette dernière théorie qu'elle s'est définitivement arrêtée, c'est elle qui inspire aujourd'hui les innombrables décisions qu'elle est appelée à rendre sur la matière.

Quelles sont cependant les raisons qui l'ont déterminée? C'est ce que nous allons demander à M. Éloy, auteur du plus volumineux traité qui existe sur la responsabilité des notaires et qui, de son propre aveu, s'est proposé avant tout de faire connaître l'état de la jurisprudence et le fondement de ses théories.

« Il nous semble tellement évident, dit cet auteur, que l'art. 68 de la loi de ventôse est introductif d'un droit nouveau, qu'on ne doit pas hésiter à faire table rase des données de l'ancien droit, tout en les admirant (1). » (Éloy, n° 24.)

« Nous n'hésitons pas à dire que les règles établies, tant par la loi de ventôse que par le Code Napoléon, peuvent parfaitement se concilier, que le Code Napoléon n'a pas réellement dérogé à la loi de ventôse... Oui, le grand principe de la responsabilité du dommage causé existe, même en dehors des cas prévus et régis par la loi de ventôse, mais avec cette juste prescription qu'il ne sera appliqué que « s'il y a lieu. » (N° 14.)

On objecte que la responsabilité est une peine et ne doit pas être étendue, mais il est évident que les dommages-intérêts ne constituent pas une peine, mais une réparation civile : que le législateur de ventôse l'ait inexactement désignée, c'est ce qui ne change rien à son caractère.

On ajoute que les art. 1382 et 1383 sont étrangers au dommage qui résulte de faits intellectuels. Mais cette distinction n'est pas dans la loi et elle a été formellement repoussée par la jurisprudence dans une matière où l'appréciation de la faute est assurément encore plus délicate que dans celle qui nous occupe. « Toute personne, dit la Cour de Rouen, statuant sur la responsabilité du médecin, quelle que soit sa situation ou sa profession, est soumise à cette règle. » (21 juillet 1862.)

Il n'est pas plus exact de soutenir que la responsabilité du notaire est de droit public. Elle est, au contraire, civile et ne présente pas d'analogie avec la prise à partie. Si le juge

____

(1) A notre humble avis, les données de notre ancien droit, sur ce point, n'ont rien d'admirable, mais il ne faut pas en faire table rase.

ne peut être pris à partie que dans les cas prévus par l'art. 505 du Code de procédure civile, c'est que ce texte exprime formellement qu'il est limitatif, mais l'art. 68 ne renferme rien de semblable.

Enfin, et c'est assurément l'argument qui nous touche davantage, il est impossible de borner les cas de responsabilité notariale à l'énumération de l'art. 68, ou même aux autres hypothèses où elle est prononcée par des textes spéciaux. Ainsi, l'art. 11 impose au notaire l'obligation de se faire attester l'individualité des parties; l'art. 3 lui prescrit de prêter son ministère, lorsqu'il en est requis; l'art. 4 lui impose une résidence fixe; la loi du 28 floréal an VII lui trace des règles précises pour la délivrance des certificats de propriété; cependant ni ces textes, ni l'art. 68 n'accordent en cas d'infraction des dommages-intérêts contre le notaire. Est-ce à dire qu'il n'en soit pas responsable? Personne ne le soutient, pas même les adversaires. Il faut donc bien convenir que les principes doivent être cherchés en dehors de la loi de ventôse.

Toutefois, et c'est ici une restriction importante, ce n'est pas le droit commun pur et simple qui s'applique au notaire, c'est une combinaison de l'art. 68 de la loi de ventôse, avec l'art. 1382 du Code civil. « Vouloir admettre en principe l'application absolue des art. 1382 et 1383 est, à notre avis, aussi exagéré que de restreindre la responsabilité aux cas régis par les dispositions spéciales relatives au notariat ou à l'infraction des devoirs de la profession. » (Éloy, n° 15.)

Cette combinaison consiste en ce que les juges du fait ont un pouvoir discrétionnaire et souverain pour constater si le fait dommageable reproché au notaire constitue ou non une faute. La conséquence logique, c'est qu'une telle appréciation échappe à la Cour de cassation (1). (Dalloz, *Jurisp. génér.*, v° *Cass.*, 1668.)

Ce pouvoir attribué aux juges du fait résulte des mots « s'il y a lieu » insérés dans l'art. 68.

Ainsi, à côté de la responsabilité du droit commun, on en trouve une autre uniquement applicable au notaire ; elle diffère de la première en ce qu'elle n'est prononcée que *s'il y a lieu* (n° 15 1°; n° 18, § 3), et l'auteur lui-même l'appelle par opposition « *la responsabilité s'il y a lieu* (n° 17, *in fine*). » Toutefois, continue-t-il, cette *responsabilité, s'il y a lieu,* n'est prononcée par l'art. 68 qu'en cas de nullité d'actes. Cependant, on reconnaît qu'elle doit être étendue à tous les autres (n° 17, *in fine*).

Ce système nous paraît soulever des critiques, et de plus d'une sorte. Nous admettons volontiers avec lui qu'il est inexact d'assimiler la responsabilité civile à une peine pour soutenir qu'elle ne doit pas être étendue, nous ne pensons pas davantage qu'il y ait lieu de distinguer entre les dommages causés par un fait matériel et ceux qui résultent d'un fait intellectuel, et nous ne voulons voir là qu'un souvenir malheureux de la loi Aquilia. Mais, cela dit, c'est à nos yeux une grave erreur de prétendre que la loi de ventôse ait fait table rase des données de l'ancien droit. Cette proposition nous semble si peu évidente que c'est la proposition contraire qui résulte, pour nous, avec la dernière clarté, des textes réunis à ce sujet par le premier système. A vrai dire, ce système nous paraît faire encore bonne contenance et nous ne croyons pas que ses plus forts arguments soient réfutés.

---

(1) Attendu que l'arrêt attaqué relève un certain nombre de faits desquels il déduit la preuve d'une faute commise par le notaire ; que cette *appréciation* est souveraine... » (Req., 17 juil. 1872.)

Mais laissons de côté une argumentation qui est peut-être insuffisante ; aussi bien n'est-ce là que le petit côté des choses et arrivons aux conclusions elles-mêmes ; telles qu'elles sont posées, c'est à dire aboutissant au pouvoir souverain des juges du fait, elles sont difficilement acceptables.

Dire que les tribunaux décideront *d'après les circonstances* de la cause, ce n'est assurément point avancer beaucoup vers la solution. Cette proposition, en tant qu'elle constituerait la formule d'un droit spécial au notariat, ne présente même pas, croyons-nous, un sens nettement appréciable.

Entend-on que le point de savoir si tel fait existe ou non dans sa matérialité est du pouvoir discrétionnaire des tribunaux ou des Cours d'appel, cela est exact, mais ne valait guère la peine d'être dit. Dans tous les procès, les juges ont à se décider d'après les faits de la cause, seulement ils doivent y appliquer les règles du droit. Ils condamneront, dit-on, le notaire *s'il y a lieu ;* sans doute, mais quand est-ce qu'il y a lieu de le condamner? C'est précisément là ce que nous recherchons. Mais veut-on dire, comme cela n'est que trop probable, que l'élément matériel de la faute une fois constant, il appartient encore aux juges du fait, et à eux seuls, de déterminer l'élément légal, et qu'ils décideront souverainement si tel fait est une faute, c'est là, croyons-nous, une proposition dangereuse et erronée. La faute consiste dans la violation d'un devoir général ou spécial ; or, le point de savoir si cette obligation s'imposait au délinquant et quelle en était l'étendue, ce point engage certainement des questions de droit et nous aurons occasion de le constater. La distinction des deux éléments de la faute : l'élément matériel et l'élément légal, doit donc être maintenue, elle a notamment une grande importance en ce qui concerne les fautes par omission, puisque celui à qui l'on reproche une omission ne peut être condamné s'il n'existe à sa charge un devoir positif d'agir.

Nous ne pensons pas que ces idées soient méconnues dans leur généralité, et personne assurément ne voudrait soutenir que les juges du fait puissent manquer de reconnaître l'existence de la faute quand les éléments ordinaires se rencontrent, ni en reconnaître une alors qu'ils font défaut.

La Cour suprême, dans un des rares arrêts de *cassation* qu'elle a rendus, a fait justice de cette théorie. Un notaire ayant violé certaines prescriptions formelles de la loi de ventôse, la Cour de Rouen, tout en reconnaissant l'infraction, crut pouvoir affranchir le notaire de toute responsabilité (12 juillet 1836). La Cour suprême cassa cet arrêt le 1er juin 1840, et voici par quels motifs : visant les art. 1, 9, 11, 33 et 68 de la loi de ventôse, et les art. 1382 et 1383 du Code civil, elle disait :

« Attendu que si les infractions dont les notaires se rendent coupables, deviennent l'occasion d'un dommage pour les parties contractantes, sa réparation doit se régler d'après les principes du droit commun, consacrés par les art. 1382 et 1383 du Code civil...

» Attendu qu'en induisant l'absence de toute responsabilité, de ce que l'inaccomplissement des prescriptions substantielles de la loi n'aurait pas été la cause du dommage éprouvé par la dame Cantel, l'arrêt attaqué a manifestement méconnu l'importance attachée à ces prescriptions.

» ... Et attendu qu'après avoir reconnu les graves infractions qui avaient permis à P*** d'accomplir son crime, cette Cour s'est cependant refusée à soumettre le notaire Thubœuf à la juste réparation du dommage que la négligence et l'oubli de tous ses devoirs avaient occasionné à la dame veuve Cantel; qu'en ce faisant, elle a essentiellement violé les lois sus énoncées; Casse. »

Ainsi, cet arrêt décide formellement que les cours et tribunaux ne sont nullement souverains dans l'appréciation de l'élément légal de la faute, et qu'ils ne sont pas non plus maîtres, une fois l'infraction reconnue, d'écarter la responsabilité. M. Éloy, cependant, n'en paraît pas embarrassé : « N'est-il pas évident, dit-il, par la simple lecture de cet arrêt, que la Cour suprême se borne uniquement à interpréter les mots *s'il y a lieu* et à dire qu'il y avait lieu de prononcer la responsabilité? » On voit tout de suite qu'aucune décision n'échappera à une explication aussi large. Mais enfin, le point de savoir *s'il y a lieu* de condamner le notaire n'est donc pas abandonné au pouvoir discrétionnaire des tribunaux, puisque la Cour de cassation a pu venir déclarer qu'il y avait lieu de prononcer la responsabilité, là où la Cour de Rouen avait pensé qu'il n'y avait pas lieu de le faire.

« N'est-il pas évident qu'elle ne fait qu'appliquer le principe résultant de l'art. 68 de la loi de ventôse, combiné avec la règle de droit commun, édictée par les art. 1382 et 1383? » Pour nous, nous ne pensons pas que l'art. 68 édicte aucun principe spécial, et il ne nous paraît pas que la Cour suprême en applique d'autre que celui de l'art. 1382.

Enfin, ajoute l'auteur, « bien que les juges aient un pouvoir d'appréciation souveraine, ce pouvoir ne peut raisonnablement aller jusqu'à violer la loi. Quand une cour relève les faits de dommage et établit que le notaire en est l'auteur, elle doit, aux termes mêmes de l'art. 68 de la loi de ventôse, condamner le notaire, parce qu'il *y a lieu* de le condamner. » (N° 17.) Mais alors nous demandons quelle peut bien être la règle particulière de l'art. 68, et comment la, combinaison de cet article avec l'art. 1382, donnerait un produit différent du droit commun. Que si l'art. 68 accorde aux juges du fait un pouvoir souverain, nous ne comprenons pas comment cet article peut être violé. Ne semble-t-il pas, au contraire, inviolable par essence, puisque, loin de poser une règle obligatoire, il vient précisément énoncer qu'il n'y a point de règles?

Enfin, sans vouloir anticiper sur la discussion qu'a soulevée le sens des mots *s'il y a lieu*, il est une objection qui s'est présentée à l'esprit de l'auteur, et qui méritait peut-être de l'arrêter plus longtemps. On aimerait, à savoir, étant donnée la rédaction de l'art. 68, comment la prétendue modification qui en résulte, s'appliquerait aux hypothèses que cet article n'a pas prévues.

Quoi qu'il en soit, l'arrêt de 1840 concluait nettement à l'application pure et simple du droit commun. Malheureusement cette ferme doctrine n'a pas été maintenue avec assez de vigueur, et en présence d'innombrables arrêts qui déclarent sans plus de précision que le point de savoir *s'il y a faute* est du pouvoir souverain des juges du fait, M. Éloy paraît fondé à présenter son système comme l'expression exacte des théories de la jurisprudence. Nous craignons que la généralité de cette formule complexe n'ait entraîné la Cour suprême à approuver plus d'une solution critiquable en soi, et quand on considère qu'elle confirme, pour ainsi dire de parti pris, tous les arrêts qui lui sont déférés, on se demande si elle n'a pas trop souvent abdiqué en la matière son rôle régulateur.

Du reste, ce point se rattache à une question plus générale qui, malheureusement, n'a pas encore reçu de solution certaine de la jurisprudence de la Cour : celle de savoir quelle est l'étendue du pouvoir des juges du fait en matière de responsabilité. À côté d'arrêts qui, comme celui de la Chambre des requêtes du 28 novembre 1860, déclarent expressément que le point de savoir « s'il y a faute » est entièrement abandonné aux juges du fait, d'autres, au contraire, cassent des décisions qui, d'après cette manière de voir, seraient souveraines (1). Nous croyons, pour notre part, que la question est, en réalité, très-complexe et n'en comprend pas moins de quatre parfaitement distinctes :

1° Le fait ou l'omission existent-ils ?

2° En est-il résulté un préjudice ?

3° L'acte a-t-il été libre ?

4° L'action ou l'omission sont-elles contraires au droit ? — Or, si les trois premiers points sont de fait, le dernier est de droit. Sans doute, quand il s'agira d'interpréter une convention privée, de déterminer les obligations qui en dérivent, le pouvoir des juges du fait sera presque illimité ; cela résulte de la nature des choses. Mais toutes les fois, et c'est l'espèce, qu'il s'agit d'apprécier des prescriptions légales et les obligations qu'elles comprennent, nous pensons que le contrôle de la Cour suprême peut être fort efficace. Telle est, du reste, la théorie très-ferme d'un arrêt de la chambre civile du 15 avril 1873. On ne peut que souhaiter de voir la jurisprudence se fixer définitivement en ce sens et faire application de ces idées à la responsabilité des notaires.

Mais, ces réserves faites, nous pensons, avec M. Éloy et la jurisprudence, que l'art. 1382 est directement applicable aux notaires, comme il l'est en principe à tous les fonctionnaires publics pour les fautes par eux commises dans l'exercice de leurs fonctions. Le raisonnement du premier système

_____
(1) Cass., 5 février 1868, 27 mai 1868, 3 mars 1869.

est assurément très-concluant en lui-même, mais son point de départ est inexact. M. Pagès croit à tort que l'ancien droit avait énuméré limitativement les cas de responsabilité. En réalité, il n'en est rien. L'ancien droit, nous l'avons vu, était arrivé, après bien des incertitudes, à une distinction des plus justes et qui doit conserver aujourd'hui toute sa valeur : il avait établi une différence capitale entre les règles générales du droit, qui s'imposaient aux parties avant de s'imposer aux notaires, et les règles spéciales que les ordonnances avaient édictées pour le notaire lui-même et pour lui seul. La violation des premières ne l'obligeait pas, à moins qu'il ne fût coupable de dol : le dol faisant exception à toutes les règles. Quand il applique ou, de bonne foi, viole ces lois générales, disait-on, ce n'est pas comme notaire, c'est comme conseil ou comme agent salarié des parties. Or, un conseil n'oblige pas, et d'après la loi 1, *Si mensor*, les fautes commises dans l'exécution d'un louage d'ouvrages relevés ne sont pas pour leur auteur une cause de responsabilité. Les parties doivent s'imputer d'avoir choisi un notaire qui ne sait pas sa profession. Mais les fautes que le notaire commettait en qualité d'officier public l'obligeaient pleinement, conformément à la loi générale sur la réparation du préjudice, et cette loi générale existait déjà telle qu'elle a été formulée plus tard par l'art. 1382. La déclaration du 29 septembre 1722 disait sans aucune restriction « que les notaires demeureraient responsables des dommages-intérêts que les parties pourraient souffrir par la nullité de leurs actes. »

Le principe de la matière n'avait donc en lui-même absolument rien de spécial. Seulement, le cercle de ses applications variait nécessairement, selon l'idée que l'on se faisait du rôle propre du notaire et de ses devoirs professionnels : quelles règles devaient être considérées comme imposées au notaire lui-même? La difficulté était là, et nous verrons plus tard que c'est encore aujourd'hui la grosse question du sujet. Sur ce point, nous pouvons le constater dès à présent, l'esprit général de l'ancienne jurisprudence différait singulièrement de celui de la nouvelle ; mais sur le caractère même de la faute, sur le principe de la responsabilité, il n'existait aucune divergence de vues. Nulle part, on n'avait posé de règle spéciale ; nulle part, on n'avait dit que la faute du notaire exigerait un élément nouveau et que les infractions aux règles de sa profession ne seraient pas toutes de nature à l'obliger. En un mot, l'on ne se demandait pas si la violation des devoirs professionnels engageait sa responsabilité, mais bien quels étaient ces devoirs, et notamment si telle ou telle règle de forme était écrite pour le notaire seul ou pour les parties? C'est ainsi que l'inobservation des lois sur la forme des testaments était généralement considérée comme imputable aux parties elles-mêmes, tandis qu'aujourd'hui, une jurisprudence constante décide avec raison qu'elle est bien le fait propre du notaire.

Comment comprendre, si les cas de responsabilité avaient été expressément énumérés, les variations de jurisprudence qui ne cessèrent de se produire?

Cela posé, nous admettons volontiers que la loi de ventôse a voulu consacrer les principes anciennement reçus, puisque ces principes sont ceux du droit commun, et nous n'avons pas besoin de prétendre que l'art. 1382 ait rien changé à la situation acquise.

En résumé, avant comme après l'art. 68 de la loi de ventôse et l'art. 1382, c'est, à notre avis, le droit commun qui régit la matière, et la meilleure raison que l'on en puisse donner, c'est qu'il n'existe nulle part de règle spéciale qui la domine. On a voulu en trouver une dans l'art. 68; mais cet article, procédant par voie d'énumération, à supposer qu'il organise une théorie particulière de la responsabilité, ne peut évidemment modifier la théorie générale dans les cas qu'il ne prévoit pas : c'est là notre première réponse au système de M. Éloy (1). L'art. 68, dirons-nous aux partisans du premier système, exprime bien que la responsabilité du notaire est engagée dans les hypothèses dont il s'occupe; mais il ne faut pas oublier qu'il a été écrit pour indiquer quelles seraient les lois de forme, dont la violation entraînerait nullité : à ce point de vue, il est limitatif. Plus tard et très-accessoirement, on a exprimé cette idée que, dans les mêmes cas, si cette sanction publique de la nullité était l'occasion d'un préjudice pour les parties, elles auraient leur recours contre le notaire; mais on n'a jamais dit que la responsabilité du notaire ne pourrait être engagée en dehors de cette hypothèse.

L'art. 68, en un mot, nous présente une application d'un principe qui existe en dehors de lui; il ne le pose, il ne l'organise pas.

§ 2. — *Quelles fautes engagent la responsabilité du notaire.*

Le préjudice constant et la faute établie, une autre condition est-elle nécessaire? Pour que le notaire soit condamné, sa faute doit-elle présenter un certain degré de gravité?

Constatons d'abord que le droit commun n'exige rien de semblable. Dans la théorie de l'art. 1382, toute faute

(1) Nous nous réservons d'examiner ailleurs s'il organise vraiment une théorie particulière.

oblige, quelque légère qu'elle soit, et le système que l'on nomme techniquement la théorie des fautes, est exclusivement applicable à la responsabilité contractuelle. Mais enfin, le législateur a pu introduire en faveur du notaire une dérogation ; l'a-t-il fait? C'est ce qu'il faut maintenant examiner.

D'après MM. Delmas (*Science notar.*, v° *Responsabilité*), Rolland de Villargues (v° *Responsabilité*, nᵒˢ 4 et suiv., 54), et Pagès (p. 101), la responsabilité du notaire ne pourrait être engagée que par son dol ou par une faute si lourde qu'elle fût absolument inexcusable. Duranton exige aussi une faute grave, mais il admet d'ailleurs qu'en principe la faute sera réputée grave, parce que, dit-il, « is qui profitetur artem et peritiam profiteri censetur. »

Ainsi, dans cette première opinion, les juges n'ont pas le droit de condamner si l'on ne peut reprocher au notaire un dol ou une faute équipollente. Ce serait le système suivi par l'ancien droit, et le législateur de ventôse aurait entendu le conserver en introduisant dans l'art. 68, les mots « s'il y a lieu (1). » On ajoute que l'équité lui en faisait d'ailleurs un devoir. Les peines, dit-on, doivent être proportionnées aux délits. Il serait donc profondément injuste que le notaire pût être condamné à la ruine par suite d'une inadvertance que la faiblesse humaine suffit à expliquer.

Cette manière de voir a été combattue avec une grande force par Toullier (t. V, n° 389) et par MM. Dalloz (v° *Responsabilité*, nᵒˢ 304, 384 et suiv.), Perrin (*Traité des nullités en matière civile*) et Éloy. Nous ne saurions non plus la partager.

---

(1) Massé traduisit ces mots par : « s'il y a vraiment lieu d'appliquer la peine. » Cela laisse peut-être un peu à désirer du côté de la clarté.

Tout d'abord, l'argument historique sur lequel on la fonde nous paraît singulièrement inexact. Du passage de Ferrière que nous avons cité, il résulte, avec la dernière évidence, qu'en matière de fautes professionnelles la responsabilité du notaire était engagée, même en dehors du dol et de la faute lourde : l'antithèse que l'auteur établit, et qu'il présente comme absolument certaine (1), entre les nullités dérivant des règles des ordonnances et celles qui résultent du droit et des coutumes, serait, sans cela, complétement dépourvue de portée. Il est donc, croyons-nous, impossible de soutenir que l'ancien droit n'admit la responsabilité du notaire que dans les cas de dol et de faute assimilable au dol.

Que la situation du notaire soit digne d'inspirer l'intérêt, nous n'y contredisons pas, mais enfin, il ne faut pas perdre de vue les termes dans lesquels se pose la question. Un préjudice a suivi la faute, il s'agit de savoir qui doit le supporter, de la victime ou de l'auteur. Or, l'auteur, si sa faute est légère, n'en a pas moins commis une faute ; la victime, au contraire, est présumée irréprochable : l'hésitation ne saurait être longue.

Les dangers que présenterait l'impunité ont été très-bien mis en lumière par M. Éloy.

Cet auteur estime que les tribunaux peuvent sans doute condamner le notaire lorsqu'il est exempt de dol et de faute lourde, mais qu'ils n'y sont jamais obligés. Ainsi, tandis qu'en droit commun, lorsqu'il est constaté que le préjudice existe et qu'il est bien le résultat d'une faute, la responsabilité est nécessairement encourue sans qu'il y ait à rechercher quel degré de gravité présente cette faute ; en notre

____

(1) « Il est hors de doute... »

matière, les juges auraient à examiner : 1° s'il y a faute ; 2° si cette faute a causé un préjudice ; 3° si cette faute est de nature à engager la responsabilité du notaire. Il existe « sur toute question une règle générale d'équité, venant heureusement tempérer la rigueur du droit commun. » (Avant-propos, p. XII.) « Le grand principe des art. 1382 et 1383 est mitigé par la restriction édictée dans l'art. 68 de la loi de ventôse, le pouvoir des juges existe à côté des principes reconnus. » (N° 570.) « Le droit commun n'est applicable qu'avec cette distinction notable posée par la loi de ventôse, que le préjudice causé ne sera mis à la charge du notaire que s'il y a lieu, c'est-à-dire si les circonstances l'exigent. » (P. 20.) « L'infraction constituât-elle une faute lourde, la responsabilité ne doit être prononcée que si les circonstances de la cause l'exigent, s'il y a lieu. » (P. 30.) « Au cas de préjudice constaté et résultant de la faute du notaire, la responsabilité n'est prononcée que s'il y a lieu. » (N° 572.) « L'erreur, l'ignorance pourront être excusées. » (N° 580.) « Le législateur, par les mots *s'il y a lieu,* a prévu les cas où, malgré le dommage causé, il serait loisible aux tribunaux de ne pas prononcer la responsabilité du notaire (1). » (N° 596).

Les deux systèmes que nous venons d'exposer (et bien que l'auteur du second ait réfuté le premier avec une extrême énergie) ne paraissent pas présenter entre eux de différence essentielle. Tous les deux prétendent avoir le même fondement logique et juridique.

L'un et l'autre consistent en une dérogation au droit commun et en cherchent la raison dans une idée de faveur

____

(1) En sens contraire, v. p. 17.

pour le notaire. Seulement, tandis que le premier veut imposer au juge une limite qu'il ne doit pas franchir, le second, conforme aux tendances générales de son auteur, prétend laisser aux tribunaux une entière liberté d'action. De même qu'il appartient au juge du fait de déterminer souverainement les caractères de la faute, de même il lui appartient, la faute une fois constatée, de décider si la réparation doit s'ensuivre et il peut, sans craindre la censure de la Cour de cassation, faire tourner à la décharge du notaire, telles considérations qu'il lui plaît. En un mot, c'est ici une nouvelle application du pouvoir discrétionnaire des tribunaux.

Il est permis de se demander si cette théorie, en elle-même, présente pour les parties des garanties suffisantes. Nous ne contestons pas un instant le haut degré d'intérêt que mérite le notariat, et nous ne nous dissimulons pas les périls de sa tâche. Toutefois, nous croyons que si l'on n'étend pas démesurément le cercle de ses devoirs, ceux qui découlent naturellement des prescriptions légales ne sont pas tellement nombreux ni difficiles que les parties ne soient en droit d'en attendre l'observation la plus exacte. Les considérations que nous apprécions ici n'ont toute leur force que si l'on voit dans le notaire l'homme d'affaires des parties, elles sont à peu près sans valeur quand, avec la loi de ventôse (art. 1er), on fait de lui un fonctionnaire public, dont les devoirs nettement délimités ne comportent guère l'excuse de l'ignorance, ni de l'erreur. C'est, à nos yeux, cette idée qui inspirait le législateur, c'est elle qui explique la sévérité dont ses paroles sont empreintes. « Quelque rigoureuse que puisse paraître la responsabilité des notaires, l'intérêt de la société l'exigeait. Il fallait donner aux citoyens cette garantie contre l'ignorance ou l'infidélité des notaires ; ils n'ont qu'à se bien pénétrer des connaissances et des devoirs de leur état, et alors ils feront *tout ce que la loi leur a prescrit,* soit pour le fond, soit pour la forme. » (Favard, rapp. sur la loi de vent.)

Ces déclarations, il faut le reconnaître, ne donnent guère l'idée d'une responsabilité limitée, et paraissent également contraires à l'esprit de l'un et l'autre système. Nous en dirons autant de ces fortes paroles par lesquelles Toullier critiquait deux arrêts qui avaient cru pouvoir exonérer le notaire des suites de la nullité d'un testament : « Si ces deux arrêts étaient suivis, disait-il, si l'on admettait d'un côté que les nullités des testaments appartiennent à la fragilité de l'esprit humain, et que cette fragilité ne soumet à aucune responsabilité ; d'un autre côté, que les omissions les plus graves ne sont que des distractions qui peuvent échapper à tout le monde ; la règle importante de la responsabilité des notaires serait brisée ou ne serait plus dans la main des juges qu'une règle de plomb qui fléchirait au gré de leurs passions. Il faudrait ranger toutes ces questions au nombre de celles que le jurisconsulte Chasseneux appelait plaisamment *casus pro amico.*

Il n'y a point d'imprudence plus caractérisée et moins excusable que de s'engager à faire dés actes d'où dépendent le repos et la fortune des familles, sans avoir les connaissances de son état, sans être doué de la présence d'esprit nécessaire pour observer les formes prescrites (1). »

Mais les deux systèmes, qui repoussent l'application du droit commun aux notaires, cherchent encore dans le même texte le fondement juridique de leurs théories spéciales. Ce

(1) Toul., t. V, p. 362. — *Adde* note 1 de la page 362.

texte serait les mots « s'il y a lieu » de l'art. 68, mots qui voudraient dire, d'après l'un, « s'il y a dol ou faute lourde; » d'après l'autre, « s'il plaît aux tribunaux de prononcer la responsabilité. » Il n'est peut-être pas inutile de relire cet art. 68 qui revient à chaque instant dans la discussion : « Tout acte, porte cet article, fait en contravention aux dispositions contenues aux art. 6, 8, 9, 10, 14, 20, 52, 64, 65, 66 et 67, est nul s'il n'est pas revêtu de la signature de toutes les parties, et, lorsque l'acte sera revêtu de la signature de toutes les parties contractantes, il ne vaudra que comme écrit sous signature privée, sauf dans les deux cas, s'il y a lieu, les dommages-intérêts contre le notaire contrevenant. »

Nous ne voulons pas revenir ici sur une objection que nous avons déjà présentée, c'est que ce texte étant spécial ne paraît pas pouvoir servir de base à tout une théorie. S'il formulait vraiment une dérogation au droit commun, cette dérogation serait évidemment limitée aux hypothèses qu'il énumère et sa nature même empêcherait de l'étendre à d'autres. Nous n'entendons pas non plus insister sur la bizarrerie qu'il y aurait à voir un principe général, introductif d'un droit nouveau, se glisser ainsi à la fin d'un texte destiné à exprimer tout autre chose, puisque le seul but du législateur, en écrivant l'art. 68, a été de déterminer le sort des actes passés en contravention à certaines règles de forme. Mais nous ne pouvons nous empêcher de remarquer combien les traductions que l'on a données du texte paraissent peu conformes à la signification si simple et si naturelle qui s'offre tout d'abord à l'esprit. Dans vingt endroits de nos Codes, le législateur emploie les mêmes termes ou des termes analogues. Après avoir édicté la sanction publique de ses prescriptions, il réserve le recours des particuliers par ces mots « sans préjudice de plus amples dommages-intérêts, sauf tous dommages-intérêts, s'il y a lieu, s'il y échet, le cas échéant. » A-t-on jamais pensé à traduire ces mots autrement que par « si une réparation est nécessaire ; si l'on se trouve dans les conditions ordinaires où la responsabilité doit être prononcée; enfin, *si l'infraction a lésé des intérêts privés ?* »

Cette explication est si naturelle qu'elle s'est tout d'abord présentée à M. Éloy et qu'il l'accepte formellement. « Cette disposition est fort juste, dit-il, du moment où il est constant que la faute ne suffit pas par elle-même pour donner naissance à la responsabilité et qu'il est nécessaire que de cette faute soit résulté un préjudice. C'est là, à notre avis, ce qu'a voulu dire le législateur... (Nº 12.) Ainsi entendue, la responsabilité du notaire est celle qui résulte des principes du droit commun. » (Nº 13.)

Malheureusement, ces paroles sont en contradiction flagrante avec les citations que nous avons faites plus haut et qui révèlent nettement la pensée d'un droit spécial. (*Adde* Éloy, av.-pr., p. ix.)

Pour nous, nous inclinons à penser que l'art. 68, loin d'être si plein du sens, d'ailleurs peu acceptable en soi, que l'on veut lui donner, ne renferme que le plus vague des renvois au droit commun. L'acte étant nul pour vices de formes, la responsabilité sera prononcée s'il y a lieu; mais quand y aura-t-il lieu de la prononcer ? L'art. 68 ne le dit pas et n'avait pas à le dire; c'est à la loi commune de nous l'apprendre.

Nous pourrions indiquer à l'appui de notre interprétation des mots *s'il y a lieu*, outre l'arrêt de 1840 que déjà nous connaissons, les termes précis d'un arrêt de Cassation du 28 février 1872 : « Aux termes de l'art. 68, la responsabilité n'existe que s'il y a lieu, c'est-à-dire dans les cas seulement où il serait établi que la nullité de l'acte authentique a causé un préjudice à la partie. » Mais nous devons convenir, avec M. Éloy, qu'en général, la jurisprudence considère en effet les mots « s'il y a lieu » comme la formule d'un droit spécial aux notaires, conférant au juge un pouvoir d'appréciation extraordinaire (1).

La jurisprudence a, sur ce point, traversé deux périodes distinctes ; pendant la première, l'esprit dominant est éminemment favorable au notaire : les traditions de l'ancien droit se continuent et parfois s'exagèrent. Aussi la doctrine qui veut restreindre la responsabilité du notaire au dol et à la faute lourde, rencontre-t-elle alors de nombreuses adhésions. C'est d'abord la Cour de Rouen qui, le 27 juin 1809, déclare que le fait d'avoir omis dans la mention de la lecture d'un testament que cette lecture avait eu lieu en présence des témoins, n'engageait pas la responsabilité du notaire, attendu « que le notaire n'est garant des actes de son ministère que pour dol personnel ou erreur grossière équipollente à dol. » C'est ensuite la Cour de Riom dont la décision du 10 janvier 1810 se fonde sur ce « que, sauf les cas de dol ou de prévarication, les notaires ne sont point responsables des nullités qui peuvent se rencontrer dans les actes qu'ils reçoivent, à l'exception des cas expressément prévus par la loi. » Ces deux arrêts sont ceux qui ont inspiré à Toullier les sévères réflexions que nous avons citées.

La même doctrine fut suivie par les cours de Grenoble (16 août 1810), de Bordeaux (12 juillet 1812), de Colmar (16 mars 1813), etc. Mais le 14 mai 1822 elle fut expres-

______

(1) « Dieu vous garde des *et cætera* de notaire, » disait-on plaisamment autrefois. Les « s'il y a lieu » du législateur ne seraient-ils pas moins compréhensifs ?

sément condamnée par la Cour de cassation qui décida que les dispositions de la loi de ventôse « n'ont pas attaché au seul cas de dol ou de fraude les dommages-intérêts dont les notaires peuvent être tenus vis-à-vis des parties pour lesquelles ils rédigent des actes, mais les ont encore fait dépendre de l'omission de certaines formalités préjudiciables à leurs clients. »

Malgré cet arrêt, la jurisprudence ne se fixa pas immédiatement et si l'on trouve la même théorie dans un arrêt de Paris du 25 mai 1826 (1), si un arrêt de Bourges (28 juillet 1829) vint déclarer que « vouloir restreindre aux seuls cas de dol ou de faute lourde la responsabilité édictée par l'art. 68 de la loi de ventôse, c'est torturer son sens et arriver à l'arbitraire par l'établissement de distinctions que la loi n'a point faites; » au contraire, la Cour de Paris, le 16 mars 1830, exonérait un notaire par la raison qu'on ne pouvait lui reprocher aucune mauvaise foi, et la Cour de Lyon (18 janvier 1832) parce « que la responsabilité ne pouvait être le résultat que d'une faute grave ou de dol. »

C'est à propos de ce dernier arrêt que, le 27 novembre 1837, la Cour de cassation elle-même reconnut « que les art. 1382 et 1383 n'ont point abrogé le droit spécial relatif au notariat et n'obligent pas les juges à rendre les notaires responsables dans tous les cas de la nullité de leurs actes. »

Mais l'arrêt cité plus haut, du 1ᵉʳ juin 1840 (Cantel-Thubœuf), nous paraît marquer le commencement de la deuxième période où la jurisprudence se rapproche visiblement du droit commun, tout en donnant cependant en général aux mots *s'il y a lieu* le sens particulier que nous

____

(1) Cet arrêt énonce que l'omission d'une formalité légale est nécessairement une faute entraînant responsabilité et qu'il n'est pas même possible que la faute soit légère si elle entraîne la nullité de l'acte.

connaissons. Aujourd'hui l'ancien système est à peu près abandonné, et s'il reparaît encore de loin en loin dans quelques arrêts (1), l'immense majorité des décisions des tribunaux et des cours en repousse formellement l'application.

En terminant cette section, qu'il nous soit permis de regretter la réserve que la Cour de cassation semble vouloir garder en une matière si importante. De très-bons esprits la jugent excessive (2), et nous ne pouvons que nous rallier à cette manière de voir.

En somme, elle reconnaît que les Cours d'appel sont souveraines pour déterminer : 1° si le fait reproché au notaire est une faute ; 2° si cette faute est de nature à engager sa responsabilité. Ce double point admis, on ne voit pas en quoi elle pourrait intervenir dans les questions de responsabilité notariale. Aussi rejette-t-elle invariablement les pourvois dirigés contre les arrêts qui condamnent ou absolvent le notaire. Il n'est pas téméraire d'affirmer que son influence sur la matière a été nulle et que la théorie de la responsabilité des notaires, si tant est qu'elle existe, est l'œuvre de la jurisprudence des Cours d'appel.

Cependant, sans contester la grande importance des questions de fait dans tous les procès en responsabilité, il est permis de croire que si la *constatation* des éléments de la faute est un point de fait, leur *appréciation* est de droit (*Contra* Cass., 4 janvier 1864). Mais grâce à l'interprétation donnée à l'art. 68, le problème, d'abord complexe, se transforme et se simplifie. Y a-t-il lieu de condamner le notaire veut dire : « les circonstances du fait montrent-elles

(1) Voir Besançon, 26 mars 1870 ; Lyon, 3 juillet 1868, exige une faute *inexcusable.*

(2) Voir Pont, *Responsabilité des notaires.*

le notaire comme digne ou indigne de faveur? » Les tribunaux sont ainsi constitués maîtres absolus de décider
sans plus de précision si le notaire est ou non responsable,
et quelles que puissent être les considérations qui les dé-
terminent, elles échappent à la fois aux prévisions de la
doctrine et aux censures de la Cour de cassation.

Quand nos observations auraient un caractère plus
théorique que pratique, il nous semble qu'au moins dans
un exposé de principes, il est bon de maintenir ferme la
distinction du droit et du fait. En somme, la réaction de
l'un sur l'autre sera toujours assez vive, sans qu'il soit
besoin d'ouvrir les voies à l'arbitraire, en effaçant jusqu'aux
derniers vestiges des règles qui devraient encore le diriger,
quand même elles ne pourraient plus le contraindre.

Le pouvoir arbitraire est d'ailleurs de sa nature extrê-
mement dangereux. Dans la pensée de M. Éloy, il ne doit
se proposer que de « mitiger la rigueur du droit commun. »
Ce point lui-même nous paraît inexact : ou bien les excuses
acceptées par les tribunaux seront conformes au droit
·commun, et alors le droit spécial aux notaires n'apparaît
pas, ou bien elles en excéderont les limites, et alors nous
demandons au nom de quel principe on ferait supporter aux
parties la faute exclusive du notaire. Les lois, il ne faut pas
l'oublier, ne sont après tout que « des rapports nécessaires
dérivant de la nature des choses. »

Mais ce n'est là qu'un des côtés de la question : une fois
hors de la loi commune, on se flatte en vain de pouvoir
diriger l'arbitraire dans le sens de ses intérêts; rien n'est
plus ordinaire que de le voir s'emporter dans les directions
les plus diverses. Le principe du pouvoir souverain des juges
du fait, une fois reconnu, toutes les conséquences pouvaient
en être tirées. M. Éloy constate lui-même qu'à diverses

époques la jurisprudence s'est laissée aller à l'exagération. (P. 31.) Un jour est venu où il s'est aperçu qu'il avait mis entre les mains du juge une arme à deux tranchants. C'est ce que nous verrons en étudiant dans une troisième section la théorie du mandat légal, véritable création du pouvoir discrétionnaire. Le temps est loin où l'on pouvait reprocher à la jurisprudence, pour le notariat, une faveur qui allait parfois jusqu'à méconnaître les droits de la partie lésée. Aujourd'hui le reproche contraire serait bien autrement fondé, et les notaires savent trop bien qu'auprès de certaines juridictions, leur cause est devenue véritablement « odiosa. » Jusqu'à présent, ils ont voulu chercher un refuge dans la doctrine de M. Pagès : ils ne l'y ont pas trouvé et nous ne le regrettons pas. Le droit commun leur reste et leur suffit.

Nous ne voulons pas préjuger ici la question de savoir si une loi d'exception serait vraiment désirable, mais nous croyons qu'en l'état, l'application de la loi générale, quelque rigoureuse qu'elle puisse paraître en certains cas, en même temps qu'elle constitue l'indéniable droit des particuliers, est aussi la seule garantie efficace des notaires.

SECTION III.

DE LA RÉCEPTION DES ACTES ET DE LA RESPONSABILITÉ QUI EN DÉRIVE.

Nous avons dû traiter avec quelque développement les questions ci-dessus examinées : les discussions auxquelles elles ont donné lieu nous en faisaient une loi. Toutefois, nous devons dire qu'à nos yeux, elles ont une importance plus théorique que pratique, et que si l'on s'entendait sur l'étendue des devoirs légaux du notaire sur les obligations qui dérivent pour lui de ses fonctions mêmes, on serait aussi bien près de s'accorder sur les cas où sa responsabilité est engagée. Nous arrivons donc au point capital de la matière.

Dans l'application, les divergences que nous avons signalées ne trouvent guère occasion de se manifester quand le fait reproché au notaire est un fait de commission. Elles éclatent, au contraire, dans toute leur force, lorsqu'on lui impute une omission. On sait, en effet, qu'une omission ne peut être considérée comme une faute donnant lieu à réparation que si la loi générale ou celle des parties imposait au défendeur l'obligation positive d'accomplir l'acte qu'il n'a pas fait. On comprend donc qu'il est de la dernière importance de savoir au juste à quoi la loi oblige le notaire, puisque selon l'étendue attribuée au cercle de ses obligations, les occasions de faute, partant, les causes de responsabilité devront se multiplier ou décroître.

Malheureusement les opinions diffèrent beaucoup sur ce point délicat et si, pendant longtemps, la doctrine et la jurisprudence ont été d'accord pour ne voir dans le notaire qu'un représentant de l'autorité publique chargé d'imprimer aux volontés privées un caractère authentique, depuis une trentaine d'années, les arrêts tendent de plus en plus à le considérer comme une sorte d'agent d'affaires universel mis à la disposition des particuliers pour prendre en main, qu'il le veuille ou non, la direction de leurs intérêts matériels.

Avant d'aborder le problème juridique qui s'impose à notre examen, il convient d'en préciser les termes.

Nous supposons donc qu'un notaire a été chargé de rédiger un acte authentique : c'est là, de l'aveu de tous, sa principale fonction, et nous savons déjà qu'il ne peut la refuser; il n'a, d'ailleurs, reçu des parties aucun mandat spécial, il ne s'est pas davantage constitué *negotiorum gestor;* par conséquent, les seules obligations qui lui incombent, sont ses obligations professionnelles : nous nous demandons en quoi elles consistent.

Tout d'abord, et c'est un point qui ne saurait soulever la moindre difficulté, le notaire est tenu d'observer exactement les formes légales qui doivent donner à l'acte son authenticité. Ce n'est pas ici le lieu d'entrer dans le détail d'une énumération, mais que la responsabilité du notaire puisse être engagée par l'inobservation de ces formes, c'est ce qui peut, dès maintenant, être tenu pour incontestable.

Mais l'acte authentique n'est que l'enveloppe et, pour ainsi dire, le vêtement de la volonté des parties. Il constate, avec une force particulière, une opération juridique dont il est indépendant, qui peut généralement se produire sans lui et qui, dans tous les cas, en est parfaitement distincte. Or, cette opération juridique doit, pour être efficace, réunir un certain nombre de conditions; elle peut, en outre, à la supposer valable, mettre en péril les intérêts des parties ou de l'une d'elles; enfin, les droits qui en résultent, peuvent, pour être conservés ou complétés, exiger certains agissements effectués en-dehors même de l'étude. Si l'acte juridique est nul, s'il est pour les contractants l'occasion d'un préjudice, enfin, s'il demeure inefficace, faute d'avoir reçu le complément dont il avait besoin, le notaire en est-il responsable ?

Il faut pour cela que l'on puisse faire remonter jusqu'à lui ces fâcheux résultats, comme l'effet à la cause. Or, au fond, ce qu'on lui reproche, c'est une omission ou un mauvais conseil. On le suppose exempt de dol, mais enfin un effort d'esprit, une étude plus attentive de l'intention des parties, auraient pu lui inspirer un sage avertissement, une utile intervention. A-t-il commis une faute en ne conseillant pas les parties, en les conseillant mal? C'est demander s'il existe à sa charge un devoir positif, et si son institution, en même temps qu'elle lui crée des obligations relativement à la forme authentique, lui en impose aussi en ce qui touche l'opération juridique que l'acte vient constater.

Et il importe de prévenir ou de dissiper toute confusion à cet égard. La question n'est pas de savoir s'il est moralement obligé d'éclairer les parties qui recourent à son ministère, personne n'en fait doute, mais bien si ce devoir est un devoir légal dont la violation engage sa responsabilité, comme le ferait celle des règles de forme; en un mot, si la loi n'a pas imposé au notaire deux obligations au lieu d'une : celle de rendre authentique la volonté des particuliers, celle de la diriger à ses risques et périls.

La question ainsi précisée, demeure assurément la plus grave et la plus délicate du sujet.

Si le notaire n'est pas légalement tenu de gérer l'affaire des parties, c'est à elles seules qu'incombe le soin de veiller à leurs propres intérêts. Si donc, leur convention en elle-même renferme quelque cause de nullité, si elle contient quelque disposition qui leur porte préjudice, ce n'est pas au notaire qu'elles doivent s'en prendre. En rédigeant l'acte tel qu'elles l'ont voulu, il a fait tout ce que la loi lui ordonnait de faire; instrument passif de leur volonté, ce n'est pas lui, c'est elle qui les blesse. Bien plus, leur eût-il même inspiré, d'ailleurs, de bonne foi, la résolution qui leur a porté grief, elles se sont, en l'écoutant, approprié l'erreur avec le conseil. Elles étaient libres de le rejeter, la faute est de l'avoir suivi, non de l'avoir donné. *Consilii non fraudulenti nulla est obligatio.*

Au contraire, était-il obligé d'agir, son abstention est une faute. Il ne satisfait pas à la loi en observant les prescriptions qu'elle lui impose à lui personnellement ; « il est constitué mandataire légal de la partie pour tout ce qui, de près ou de loin, se rattache à l'acte qu'il reçoit ; en un mot, chargé, sous sa responsabilité personnelle, d'assurer l'efficacité de ses actes (1). » Notamment, il ne peut constater aucune opération juridique, sans s'assurer que toutes les conditions de fond sont réunies pour en assurer la validité, et que les conséquences n'en pourront nuire aux parties.

Que si l'étendue de ce mandat paraît difficile à déterminer *a priori*, les tribunaux y pourvoiront. Ils prendront avant tout en considération, l'état intellectuel des parties elles-mêmes. Si elles sont complétement illettrées, ils pourront aller jusqu'à dire que le notaire était tenu de faire tout ce qu'il n'a pas fait.

Enfin, s'il faut indiquer l'idée primordiale d'où l'on fait sortir cette obligation, tantôt on dira que le notaire, même dans les actes de son ministère forcé, n'est pas autre chose qu'un mandataire privé (2) ; tantôt on conviendra bien que c'est un fonctionnaire public, mais on soutiendra que le devoir d'éclairer les parties, rentre essentiellement dans l'ordre de ses fonctions, et qu'enfin, son mandat, s'il ne le reçoit pas de la volonté des parties, il le tient au moins de la volonté de la loi. Cette seconde doctrine, éminemment protectrice de l'intérêt des particuliers, séduit d'abord par un air d'équité. Elle paraît, d'ailleurs, très-conforme à la vérité des faits. Une foule de gens illettrés ont recours au notaire comme à leur conseil naturel ; ils lui confient leurs secrets de famille, leurs espérances de fortune, les destinées de leur

(1) M. Pont, résumant la doctrine des arrêts qu'il combat.

(2) Voir ci-dessus, p. 52, nos explications sur cette première manière de voir.

patrimoine ; ils placent en lui une si entière confiance que leur contrôle sur ses agissements, s'il est certain en droit, est, en fait, dépourvu de toute efficacité. Le notaire est à la fois pour eux la loi vivante et l'habileté même. Il ne leur vient pas à l'esprit que la société ne l'ait institué que pour recevoir leur volonté et en conserver l'expression ; ils ne peuvent penser qu'ils aient besoin de réviser son œuvre, encore moins qu'ils en aient le talent.

Ces considérations n'auraient assurément pas été sans influence sur le préteur romain, elles auraient inspiré quelqu'un de ses édits. De nos jours, la jurisprudence qui, sans avoir hérité de son pouvoir, tend cependant comme lui à humaniser la loi en l'interprétant et à faire réagir fortement le fait concret sur les règles abstraites du droit, ne pouvait guère manquer d'en être frappée. Aussi, peut-on dire que c'est elle qui a créé cette théorie. M. Éloy qui, seul, parmi les auteurs, s'en est fait le soutien, n'a pu qu'en adopter le principe.

Ce n'est pas, cependant, qu'elle l'ait toujours admise et l'on doit, au contraire, reconnaître que l'introduction en est relativement récente. Non-seulement l'ancienne jurisprudence, mais pendant longtemps, la nouvelle, d'accord avec la doctrine, n'attribua au notaire d'autre mission, que d'authentiquer les volontés privées. Mais, à mesure que l'on vit s'effacer et s'affaiblir l'esprit de faveur parfois exagérée dont s'étaient inspirées d'abord les décisions relatives au notariat, la doctrine du mandat légal commença de prendre des forces. Sous l'influence des idées de rigueur qui préparèrent l'ordonnance de 1843, et auxquelles cette ordonnance vint donner une énergie nouvelle, cette doctrine s'accrut promptement, se répandit, et malgré d'énergiques protestations et des dissidences éclatantes, elle gagna, de proche

en proche, le grand corps judiciaire qu'elle a aujourd'hui
envahi presque tout entier.

Elle a trouvé sa formule complète, dans un jugement de
Soissons (13 mai 1857), jugement fort bien rédigé et dont la
Cour d'Amiens adopta pleinement les motifs, dans son arrêt
du 24 novembre 1857. (D. P., 58, I, 374.) « Les notaires
n'ont pas seulement pour mission, dit ce jugement, de
donner un caractère d'authenticité aux actes qu'ils rédigent;
dans son esprit et d'après ses motifs mêmes, la loi qui les
institue a entendu leur conférer un rôle plus digne et plus
élevé; elle les considère comme des conseils désintéressés
des parties, aussi bien que comme des rédacteurs impartiaux
de leurs volontés; comme les régulateurs des engagements
qu'elles veulent contracter, chargés de faire connaître toute
l'étendue des obligations qui en dérivent, et de les rédiger
avec clarté; ils remplissent une magistrature et donnent,
par leur caractère, une sanction pratique à toutes les lois.
La doctrine et la jurisprudence s'accordent à reconnaître
que les notaires ont le devoir d'éclairer les parties sur ce
qui peut les intéresser, dans les actes qu'elles passent devant
eux, et de leur en faire comprendre la portée et les conséquences... Cette obligation est de l'essence même des fonctions du notaire; elle est indépendante du mandat plus ou
moins étendu que les parties ou l'une d'elles ont pu lui
conférer pour la surveillance et la gestion de leurs intérêts;
elle est particulièrement étroite, lorsque les contractants
sont dans l'ignorance complète des affaires. »

Voilà la thèse dans toute sa force et dans toute son am-
pleur. Qu'après cela les cours d'appel varient sur les applications (1), qu'elles attribuent au mandat légal plus ou

______

(1) La Cour de Paris a été à peu près seule à soutenir que le notaire est

moins d'étendue, ces dissidences inséparables de toute création prétorienne peuvent bien conclure contre l'exactitude
de la théorie ; elles ne peuvent rien contre son existence. Le
principe est presque unanimement admis : c'est le principe
qu'il faut examiner.

Or, malgré la force que prête à la doctrine du mandat
forcé une adhésion si générale, il est permis, avec tous les
auteurs, de douter qu'elle soit bien légale (1). En se demandant non pas ce que le législateur eût dû faire, mais simplement ce qu'il a fait, il est difficile de soutenir que le caractère du notaire ait changé avec la loi de ventôse, et qu'au
nombre de ses fonctions publiques doive aujourd'hui figurer
celle d'agent d'affaires des parties qui requièrent son
ministère.

Puisque, aussi bien, la question qui s'agite est de savoir
quel est le rôle légal, nécessaire du notaire, il semble naturel d'en chercher la solution dans la loi fondamentale du
25 ventôse an XI, loi d'attributions autant que loi orga-
nique, dont l'art. 1er semble avoir voulu nous préparer
d'avance une réponse de la dernière précision : « Les notaires, dit ce texte, sont les fonctionnaires publics établis
pour recevoir tous les actes et contrats auxquels les parties
doivent ou veulent donner le caractère d'authenticité attaché aux actes de l'autorité publique et pour en assurer la

___

obligé à faire opérer la transcription en vertu de sa profession même.
Paris, 22 juin 1853, 14 janvier, 19 juin 1854, etc. — *Contra* Cass., 18 août
1873 ; Rouen, 24 novembre 1852 ; Lyon, 14 mars, 1855 ; Tribunal de la
Seine, 24 avril 1868.

(1) « Théorie qu'il est plus que difficile d'établir en droit. » Pont, *op. cit.*,
p. 11 ; Pagès, *passim*. — Dalloz, sous l'arrêt précédent : « Le principe qu'il
pose et qui astreint le notaire à se substituer aux parties dans la surveillance de leurs intérêts, et convertit en obligation légale un devoir moral,
paraît difficilement justifiable. » (D. P., *loc. cit.*)

date, en conserver le dépôt, en délivrer des grosses et expéditions. »

Qu'est-ce donc que le notaire pour le législateur de ventôse ? Un mandataire ? Non, c'est un fonctionnaire public. En quoi consiste sa fonction ? A gérer l'affaire des parties ? Non, à recevoir les actes auxquels elles veulent ou doivent donner un caractère authentique. Voilà donc son devoir essentiel : voilà la raison d'être de son institution. Il représentera l'autorité publique. Par son organe, la société interviendra dans les conventions privées pour attester leur existence.

Aussi, tout un titre est consacré à organiser cette intervention. Les parties lui apportent leur volonté toute nue, il la revêt des formes légales, il lui imprime le sceau de l'authenticité. Dès lors elle devient sacrée, et personne, pas même lui, n'y peut plus toucher. Il en garde le dépôt, il en assure la conservation, afin qu'au jour où la mauvaise foi voudrait contester ses engagements, la partie lésée puisse invoquer sûrement contre elle le témoignage de l'autorité publique elle-même.

Voilà son rôle dans l'ordre social, la loi lui en a tracé minutieusement les devoirs : elle en a prononcé la sanction. Mais qu'à côté de cette mission déjà périlleuse et délicate, elle en ait placé une autre mille fois plus difficile encore, on l'avance sans le prouver.

Sans doute la loi, à l'occasion des actes qu'il passe, lui impose quelquefois certaines obligations étrangères à la réception de ces actes; c'est ainsi qu'il est personnellement responsable du défaut d'enregistrement en temps utile (L. 22, frimaire an VII); qu'il est tenu d'effectuer aux greffes et chambres désignés par l'art. 872, C. pr. civ., le dépôt d'un extrait du contrat de mariage des commerçants;

qu'il doit donner avis à l'officier de l'état civil des contrats de mariage passés devant lui, etc., etc. Mais le soin même qu'elle a pris de s'en expliquer formellement montre assez qu'elle n'a nulle part posé de principe général.

Les arrêts qui condamnent les notaires (1) se contentent d'alléguer « les lois organiques de leur institution. » Mais ces vagues renvois (2) ne sauraient tenir lieu d'un texte précis que l'on n'a jamais cité et que, pour notre part, nous avons vainement cherché. Et cependant, ce texte serait d'autant plus nécessaire que cette manière d'envisager la responsabilité du notaire constituerait certainement une nouveauté.

Ce n'était pas, en effet, le mandataire des parties, ce « scriba » qui insérait *apud acta* leurs conventions. Et chez nous, tant que les fonctions du notaire furent remplies par le greffier, plus tard quand on dédoubla le rôle du greffier, plus tard encore quand les fonctions notariales furent réparties entre trois catégories d'officiers : tabellions, gardes-notes et gardes-scels, puis quand l'institution revint à l'unité, où trouver l'agent d'affaires des parties? Enfin, quand la loi de 1791 et la loi de ventôse vinrent faire du notaire le délégué du pouvoir exécutif, quel caractère lui attribuèrent-elles? L'art. 1er de la loi de ventôse a déjà répondu. Ces deux lois ont continué l'évolution qui tendait à séparer le notariat du corps judiciaire : encore peut-on dire qu'elles ne l'ont pas achevée, puisque, même aujour-

(1) Notamment Paris, 18 février 1842. — Cass., 23 novembre 1843.

(2) Une foule d'arrêts n'ont pas de fondement plus solide. Il n'est guère de condamnation que l'on ne croie pouvoir baser sur l'art. 68 de la loi de ventôse qui, dans la plupart des cas, est absolument étranger à la question. Le premier qui s'est avisé de motiver sur cet article l'arrêt qu'il rédigeait a été le véritable législateur de la matière : on a répété de confiance ce qu'il avait dit, on l'a trop rarement vérifié.

d'hui, il est dans les attributions du ministère de la justice. Mais elles n'ont absolument rien changé à la nature des fonctions du notaire; et si, à ce point du débat, il était encore nécessaire d'en rapporter la preuve, nous la trouverions complète dans les paroles du rapporteur de la loi de 1791, M. Frochot, qui déclare formellement que l'on ne fait pas d'innovation sérieuse en ce qui touche les fonctions du notaire, « parce que cette partie était bien ordonnée (1), » et dans celles de M. Réal qui, faisant l'exposé des motifs de la loi de ventôse, reproduit le passage du discours de M. Frochot et ajoute « que le Gouvernement adopte les motifs de la Constituante. »

On chercherait donc vainement le moment où se serait accomplie la révolution qui aurait transformé le rôle du notaire. C'est qu'en réalité ce rôle n'a pas changé.

Sans doute, s'il connaît la fraude de l'une des parties et ne la dévoile pas, s'il voit peser sur la volonté de l'un la tyrannique influence de l'autre et se fait complice de ses manœuvres, il devient responsable de leurs résultats; mais qu'en dehors de ces cas, il ait à répondre de ce que la convention de ses clients portait en elle une cause de nullité, ou de ce qu'elle a été préjudiciable à leurs intérêts pécuniaires, c'est ce que nous ne pouvons admettre.

Certes, et nous nous plaisons à le constater, le rôle du notaire n'est pas toujours purement passif : la confiance qu'il inspire à ceux qui requièrent son ministère, la connaissance qu'il prend de leurs affaires, le portent souvent à les diriger dans l'expression de leur volonté, à substituer son habileté à leur inexpérience. Mais ces nouvelles fonctions, d'un caractère assurément plus noble et plus élevé que

____

(1) *Exposé des motifs*, 15 septembre 1791.

les premières, en diffèrent essentiellement. Des services de
cette nature ne s'imposent pas plus que la confiance qui les
appelle; nulle part le législateur n'a prétendu en faire une
obligation légale, nulle part, non plus, il n'a prononcé la
sanction du devoir d'éclairer les parties. Peut-être le notaire
qui se bornera à la stricte observation des prescriptions de
la loi n'acquerra-t-il pas l'attachement de nombreux clients
naturellement portés à lui préférer un homme plus soigneux
de leurs intérêts, mais se mettra-t-il à l'abri d'un recours
en garantie? Cela nous paraît incontestable.

Gardons-nous donc de confondre le fait avec le droit.
De ce que les notaires sont souvent les guides, les agents
d'affaires des parties, gardons-nous de croire qu'ils le soient
nécessairement. Ce serait perdre de vue le but et l'origine
de leur institution. Le législateur, en faisant l'exposé des
motifs de la loi, a bien pu constater le haut degré de confiance
que le notaire inspirait, et retracer en un brillant tableau
les services de toutes sortes qu'ils sont amenés à rendre;
nulle part, il ne leur a imposé ces services comme une
obligation légale dont la violation fût de nature à engager
leur responsabilité (1).

Le pouvait-il d'ailleurs? Conçoit-on bien l'institution d'un
fonctionnaire public, dont l'une des fonctions consiste à
diriger toutes les opérations que l'autre l'oblige à constater

---

(1) « Permettez-moi d'abord d'écarter toutes les figures de rhétorique
à l'aide desquelles on a défini le rôle des notaires. Le notariat n'est un
sacerdoce ou une magistrature que par métaphore. Dans les assemblées
législatives, les rapporteurs se livrent à des amplifications qui ne valent
pas toujours un texte précis et nu. Art. 1er de la loi de ventôse : les notaires
sont... — Cette formule est nette et je m'y tiens. On a donné d'autres
qualifications à ces officiers publics; mais je vous demande la permis-
sion de ne pas m'arrêter aux arguments qu'on en a tirés. » (Paroles de
M. l'avocat général Desjardins, devant la Cour de cass., 7 janvier 1879.)

authentiquement, à conseiller et à bien conseiller ceux qui viennent lui demander de passer acte de leur volonté, à veiller lui-même à l'accomplissement de toutes les formalités dont ces actes peuvent être l'occasion, à en scruter les effets, à deviner ce qu'ils pourront avoir de fâcheux pour les contractants? Non, cette idée répugne à la fois à la multiplicité des affaires qui viennent devant lui et à la nature d'une pareille intervention.

La volonté du notaire peut le rendre l'agent d'affaires des parties; la loi n'en a pas fait autre chose qu'un fonctionnaire public par l'organe duquel le pouvoir social lui-même vient imprimer aux conventions privées le caractère d'autorité et de certitude qu'il n'appartient qu'à lui de conférer. A ce titre ses devoirs sont précis et l'on n'éprouve aucun scrupule à rendre le notaire responsable de leur violation. Il ne peut être excusé de ne pas connaître des règles qui sont écrites pour lui et dont la science doit constituer sa principale étude.

Mais si la loi nouvelle a voulu en outre l'astreindre à se substituer aux parties dans la surveillance de leurs intérêts, on ne saurait trop blâmer d'une part l'imprudence de ceux qui acceptent d'avance tant de missions, dont ils n'ont pas l'idée et dont les périls sont sans comparaison possible avec les avantages, de l'autre, l'imprévoyance du législateur, qui ne leur a pas demandé tout d'abord plus de garanties et qui ensuite, gardant le silence sur le plus important de leurs devoirs, n'a pas dit un mot d'une responsabilité si étendue que celle dont il a parlé, n'est plus en comparaison qu'un point imperceptible.

Et ce défaut de limitation n'est pas le moindre argument que l'on puisse opposer à la doctrine que nous combattons. La loi qui n'a pas parlé du prétendu mandat légal imposé aux notaires, n'a pas pu le déterminer. Que contient-il, à quoi oblige-t-il le notaire? Nul ne peut le dire. La jurisprudence admet généralement que l'obligation du notaire est plus ou moins étroite, suivant l'aptitude des parties (1). Cette réserve, dit M. Pont, n'a pas de base dans la loi. Quand elle déclare la responsabilité du notaire engagée, on ne la voit point se préoccuper de savoir si ceux qui ont souffert de la faute du notaire étaient plus ou moins lettrés, s'ils avaient plus ou moins l'intelligence des affaires. « La loi n'aurait pas pu procéder autrement sans manquer à l'une de ses conditions essentielles qui est la précision... Si la responsabilité notariale était subordonnée ou mesurée à l'intelligence des clients, où donc serait la règle d'appréciation?... Quel serait, en un mot, le niveau auquel ces connaissances devraient s'élever pour que le notaire dût être déchargé de toute responsabilité (2)? » La vérité, c'est que le mandat légal ne comporte aucune règle; des faits innocents aujourd'hui seront condamnés demain selon que les dispositions des juges, les traditions du tribunal, l'impression produite par de récentes déconfitures, le courant variable de l'opinion, les porteront à examiner avec plus ou moins de bienveillance les agissements du notaire.

Sans doute, et nous n'avons garde de le méconnaître, l'auteur unique qui soutient la thèse de la jurisprudence repousse toute extension démesurée de ce mandat. Esprit modéré et conciliant, M. Éloy déclare, qu'à son avis, le notaire n'est pas garant de « toutes les conséquences de l'acte, » et il ajoute, avec beaucoup de raison, qu'il ne servirait à rien d'avoir tracé la règle spéciale du mandataire et du gérant d'affaires, si, dans tous les cas, le notaire était

(1) Req., 22 avril 1856; Paris, 27 août 1852; Paris, 4 décembre 1855.
(2) Pont, *Responsabilité des not.*, XVIII.

déjà tenu en vertu de sa profession même comme s'il avait reçu une mission expresse ou comme s'il s'agissait de son affaire personnelle.

Malheureusement cette restriction est purement verbale et destinée à rester inefficace. Qui posera la limite? Les tribunaux; or, d'après M. Éloy, leur pouvoir est discrétionnaire et souverain! Étant admis ces deux points : 1° qu'il existe un mandat indéterminé; 2° que le pouvoir des juges du fait est absolu, il n'est aucune condamnation qui n'en puisse être logiquement déduite. De tels principes une fois posés porteront toutes leurs conséquences.

M. Éloy en a fait l'expérience personnelle à l'occasion d'un récent arrêt rendu malgré sa consultation, et demeuré célèbre dans les annales du notariat qu'il a soulevé tout entier contre lui. Nous devons nous y arrêter, même dans cet exposé général, car il renferme tout un enseignement.

Par devant Me R. comparaissent, le 19 mars 1867, Deprad et Raynaud, le premier pour vendre un immeuble, le second pour s'en rendre acquéreur. Raynaud est complétement illettré, mais il est d'ailleurs constant que le notaire n'en est ni le mandataire conventionnel ni le *negotiorum gestor*. Quant à Deprad, il a une situation notoirement obérée, aussi déclare-t-il que le paiement devra lui être fait comptant.

En présence de cette prétention, Me R. avertit Raynaud que, payer comptant alors que les formalités hypothécaires ne sont pas accomplies, c'est s'exposer à payer deux fois. Il fait plus et refuse de passer l'acte ce jour-là. Ses représentations énergiquement formulées ont fait impression sur l'acquéreur, il hésite, la conclusion du contrat reste suspendue. Mais, deux jours après, il revient et déclare qu'il persiste dans sa résolution d'acheter. Le notaire croit devoir lui présenter de nouvelles observations : d'abord sur la situation générale de Deprad, puis sur celle des immeubles à vendre. Raynaud n'en est point ébranlé. Deprad a des dettes, il n'en peut douter, ses autres immeubles sont lourdement grevés et cette vente faite au comptant prouve bien qu'il ne peut plus rien obtenir. Mais Raynaud a confiance en son vendeur, il déclare qu'il compte sur « son honorabilité » et qu'il se contente des obligations de Deprad « en cas d'existence d'inscriptions sur ses biens. »

C'est dans ces circonstances que, le 21 mars 1867, l'acte est passé avec la mention formelle que Raynaud a entendu « les amples explications du notaire sur la position des époux Deprad. » Le mandat légal, si tant est qu'il en existe un, est-il accompli? L'est-il entièrement, loyalement, consciencieusement?

Un jugement de Toulon (30 juin 1869) et après lui un arrêt d'Aix (28 avril 1870) ont décidé qu'il ne l'était pas. Une créance de 8,000 fr., inconnue de Raynaud, étant venue lui enlever toute garantie sur les immeubles de Deprad, le notaire a été déclaré responsable, malgré les efforts de M. Éloy, dont il produisit devant la Cour d'Aix une longue consultation.

Vainement cet arrêt a été déféré à la Cour de cassation. Elle l'a confirmé (2 avril 1872) en déclarant que les mentions insérées dans un acte par le notaire au sujet de sa responsabilité, ne liaient par les juges du fait.

Le jugement de Toulon et l'arrêt d'Aix doivent-ils être approuvés? Ils ont été fort critiqués; pas une voix ne s'est élevée pour les défendre et l'on a vu que M. Éloy, bien que panégyriste constant de la jurisprudence, n'a pas cru devoir la suivre jusque-là. Mais, pour quiconque accepte sa doctrine, il faut convenir que ces décisions sont inattaquables

7

en droit : on n'y peut voir qu'un mal jugé, et elles échappent à la Cour de cassation.

Mais ce résultat même n'en fait-il pas ressortir tout le danger ; la logique du raisonnement ne fait-elle pas éclater ici le vice du principe ? Où trouver une garantie contre le retour de semblables excès ? Il n'en existe aucune, si l'on accepte les deux théories du pouvoir discrétionnaire et du mandat légal, et le jour où la Cour de cassation les a admises elle a signé sa propre abdication.

Bien d'autres arrêts pourraient venir témoigner ici que la jurisprudence donne à la responsabilité notariale une étendue à laquelle certainement le législateur n'a jamais songé (1). Nous pouvons regarder comme certain que le notaire est, en vertu des règles du mandat, tenu pour garant de tous les effets des actes passés devant lui.

Or, l'inexactitude de ce point de vue ne paraît pas douteuse, quand on envisage soit la nature de son intervention, soit le texte et l'esprit de la loi de ventôse et de l'ordonnance de 1843.

Comment, d'abord, peut-on rendre le notaire responsable comme mandataire, alors que son ministère est forcé, tandis que, d'après l'art. 1984, le mandat est un contrat volontaire qui ne se forme que par l'acceptation du mandataire ! Quel rapport entre les deux situations ?

Mais, en outre, la loi de ventôse ne veut pas que le notaire soit intéressé à l'acte. La prohibition est certaine : elle résulte notamment de l'art. 8, et elle a pour sanction, la nullité. Or, la doctrine du mandat forcé a pour résultat de le rendre personnellement intéressé dans toutes les affaires où son ministère est requis. Ce n'est que par un

______

(1) Voir plus bas, conséquences des actes, contenu des actes.

défaut de logique que l'on n'annule pas tous ses actes, sauf à le déclarer responsable de la nullité, aux termes de l'art. 68.

Cette doctrine n'est pas moins contraire à l'esprit de l'ordonnance de 1843. Le législateur avait bien compris que ce qui compromettait avant tout la dignité et la stabilité de l'institution, c'était l'étendue des obligations que les notaires avaient le tort d'assumer, notamment en matière de prêts, ou pour faciliter les transactions, ils donnaient au prêteur leur garantie personnelle. Aussi, tout en les autorisant à servir d'intermédiaires pour la conclusion de ces opérations, il leur défendit expressément de s'en porter « garants ou cautions, à quelque titre que ce soit (art. 12). » Eh bien ! ce que la loi leur défend de faire, la jurisprudence le leur impose (1).

Ils sont constitués garants, dit avec beaucoup de verve, M. Pont, à l'occasion d'un arrêt de la Cour de Paris, du 13 juin 1854, « de tous les mécomptes de leurs clients.

... Tel prêteur interprétant à sa manière la jurisprudence de la Cour de Paris, s'en est venu dire à son notaire : « Mes intérêts me sont dus; vous êtes garant et responsable, payez-moi ! » Tel autre a dit : « Mon capital est exigible et je ne suis pas encore payé; vous êtes garant et responsable, poursuivez le remboursement à vos risques et périls ! » Tel autre pourrait dire : « Voici une difficulté, un procès qui surgit sur tel acte que vous avez reçu; vous êtes garant et responsable, défendez-vous ! » Nous ne voudrions pas dire que la Cour de Paris irait jusqu'à sanctionner ces raisonnements d'une logique outrée, mais sa jurisprudence est bien faite pour les inspirer, et de tous les torts qu'on peut lui

____

(1) *Journ. des Not.*, 30 avril 1877 ; Pont, *op. cit.*, p. 40.

reprocher, celui-ci n'est pas le moins grave. » (Pont, *op. cit.*, p. 40.)

C'en est assez pour faire apprécier la valeur juridique de la théorie du mandat légal.

Et maintenant, est-il bien nécessaire d'en faire ressortir les inconvénients pratiques? Laissant même de côté des considérations d'équité qu'il est aisé de suppléer, à n'envisager la question que du côté de l'utile, il n'est pas douteux que la doctrine du mandat légal ne soit funeste, non-seulement au notariat, mais aux particuliers eux-mêmes.

Pleins de la trompeuse confiance que leur inspirent les sévérités des tribunaux, ils se croient déchargés de toute vérification personnelle. Bien plus, ils s'en abstiennent à dessein, afin de pouvoir soutenir, le cas échéant, qu'ils ont suivi la foi du notaire. Tel qui, s'il eût contracté par acte sous seing privé, eût dans l'opération à laquelle il se livre observé les règles de la plus scrupuleuse prudence, pense y pouvoir manquer impunément, s'il a fait passer acte de cette opération par devant un notaire. Qu'arrive-t-il cependant? Les clients obtiennent bien sans doute les condamnations qu'ils attendaient, mais ce que la jurisprudence ne leur donne pas, c'est la possibilité de les faire exécuter efficacement : elles demeurent, entre leurs mains, une arme inutile, car la fortune des notaires est insuffisante pour satisfaire aux recours dirigés contre eux. Un ancien notaire qui a cessé ses fonctions en 1870, a été récemment condamné à payer, en qualité de mandataire, plus de 500,000 fr., parce que les immeubles de la Société Immobilière, sur lesquels avaient été hypothéqués les placements qu'il avait fait, ont été, par suite d'une expropriation forcée, vendus à des prix très-réduits (*Journ. des not.*, avril 1877). Il paraît certain que le patrimoine entier du notaire est inférieur à ce chiffre. C'est ainsi que la ruine même des notaires ne suffit pas à la réparation d'un préjudice que la diligence personnelle des clients leur eût permis d'éviter, sans la fausse sécurité dans laquelle ils se sont endormis. Ce n'est pas, du reste, la première fois qu'un excès de protection a fini par devenir funeste aux protégés eux-mêmes.

Mais quel danger la même théorie ne fait-elle pas courir au notariat? Le nombre des désastres, croissant d'année en année, a attiré l'attention de la Chancellerie. Une importante circulaire de M. le garde-des-sceaux Dufaure (19 octobre 1876) en a attribué la cause principale à l'inobservation de l'ordonnance de 1843, et notamment de l'art. 12 que nous avons cité. « J'ai le regret de constater, dit le ministre, que, malgré ces prescriptions, un trop grand nombre de notaires s'adonnent aux pratiques dangereuses qui sont formellement condamnées. Les uns espèrent accroître ainsi le revenu de leur office; d'autres ne font que céder aux sollicitations d'une partie de leur clientèle; d'autres enfin se croient obligés d'imiter leurs confrères par une sorte de concurrence regrettable. Quel que soit le mobile qui les porte à violer la loi, tous devraient savoir qu'en s'écartant des règles professionnelles, ils compromettent gravement le caractère dont ils sont investis et s'exposent à la ruine et au déshonneur. Les abus invétérés dans quelques ressorts et les désastres qui en sont trop souvent la conséquence sont de nature à ébranler la confiance dont le notariat a besoin d'être entouré pour remplir sa mission. Cette vieille et nécessaire institution, si respectée et si digne de l'être dans la plupart de ses représentants, finirait par être menacée non-seulement dans sa réputation, mais encore dans l'existence de ses priviléges. »

Les notaires ont répondu par l'organe de leurs chambres

de discipline qu'en effet, l'ordonnance de 1843 était violée, mais non pas par eux. On n'a pu relever à leur charge des opérations de banque d'industrie ou de commerce ; mais la responsabilité démesurée que fait peser sur eux la jurisprudence est une cause très-apparente des désordres signalés :

« L'ordonnance admet que le notaire peut être intermédiaire sans être garant. La jurisprudence, au contraire, condamne invariablement le notaire à garantir les prêts dont il a été l'intermédiaire. Et elle ne se borne pas aux prêts ! Tous les autres actes donnent lieu à une responsabilité qui crée au notaire un véritable intérêt dans toutes les affaires où son ministère est requis. » Que l'immeuble hypothéqué soit déprécié par suite de circonstances imprévues ; qu'il se découvre des hypothèques légales ; que la vente étant poursuivie dans un moment inopportun, il ne se présente pas d'enchérisseurs, le notaire sera déclaré garant des pertes. Ajoutons qu'il n'a aucun moyen de s'y soustraire ; d'une part, son ministère est obligatoire ; de l'autre, la Cour de cassation a déclaré que « le notaire, incapable d'instrumenter pour lui-même, ne peut atténuer sa responsabilité par l'insertion dans l'acte qu'il reçoit des avis qu'il aurait donnés aux parties sur le danger que présente leur convention. » (Cass., 2 avril 1872.)

Est-il surprenant qu'il ait été amené à enchérir lui-même, sauf à se défaire de son acquisition dans des circonstances favorables ? Mais alors quels embarras financiers, quels nouveaux risques et que devient enfin la notion même du rôle du notaire, telle qu'elle résulte de l'art. 1er de la loi de ventôse ?

« En résumé, d'une part, l'ordonnance disciplinaire interdit les garanties qui peuvent compromettre la fortune du notaire et, par suite, celle des clients, qui ne lui demandent que l'exercice de ses fonctions légales, et d'autre part, la jurisprudence lui impose la garantie de l'effet de tous les actes qu'il reçoit; sous le prétexte qu'il est un mandataire particulier, même sans consentement (1). » On pourrait ajouter : malgré sa volonté formellement exprimée.

Enfin, et c'est la dernière considération que nous ayons à présenter sur ce point, les intérêts généraux ne peuvent que souffrir de ces extensions de la responsabilité des notaires.

Beaucoup de jeunes gens appartenant à de très-bonnes familles s'écartent aujourd'hui d'une carrière devenue trop périlleuse. M. Pont constatait déjà en 1860 que partout les hommes les plus honorables cherchaient à se défaire de leurs charges et que le nombre des aspirants au notariat tendait sans cesse à décroître dans les études où l'on était obligé de les remplacer par des employés (2). Depuis, loin d'avoir diminué, le mal s'est plutôt accru, et l'on ne peut manquer de voir dans cet abandon un fait des plus regrettables quand on songe aux immenses services que rend au monde des affaires le grand corps du notariat.

On voit que les considérations de fait ne font pas défaut et viennent prêter une plus haute importance aux arguments de droit qui militent contre la théorie du mandat forcé.

Inspirée par quelques scandales éclatants à une époque où la fièvre de la spéculation s'était emparée des esprits, favorisée par l'extrême réserve de la Cour de cassation, elle n'a dû son succès qu'à l'esprit de rigueur dont la jurispru-

---

(1) Observation de la chambre de discipline des notaires de l'arrondissement de Lyon sur la circulaire ministérielle du 19 octobre 1876, *Journ. des Notaires et des Avocats*, avril 1877.

(2) Pont, *Respons. des not.*, p. 47.

dence a cru nécessaire de s'armer. On a voulu atteindre le notariat par tous les moyens à la fois, et tandis que le législateur aggravait la responsabilité disciplinaire, la jurisprudence a cru le seconder en aggravant en même temps la responsabilité civile. On peut penser qu'elle en a plutôt contrarié les efforts et craindre que le remède ne soit en passe de tuer le malade.

Il faut donc souhaiter que l'épreuve soit jugée concluante. Pour se convaincre qu'elle l'est en effet, il suffit de comparer le présent au passé, le notariat tel qu'il est aujourd'hui et tel qu'il était autrefois quand la responsabilité notariale était admise avec plus de réserve encore que la prise à partie.

Si la jurisprudence persistait dans une sévérité sans contrôle, si le même principe devait continuer d'inspirer ses décisions, le mal ne manquerait pas de s'accentuer et les choses se précipiteraient en s'accélérant, suivant une loi qui n'est pas moins vraie dans l'ordre moral que dans l'ordre physique. Alors il ne resterait plus qu'à réclamer l'intervention du législateur. Nous savons qu'il ne faut pas le solliciter sans motif, mais la cause est grave et le dénouement digne de lui (1).

Tout d'ailleurs porte à croire qu'il ne tardera pas à s'occuper du notariat, et la circulaire du 19 octobre 1876 le fait pressentir tout en exprimant le vœu qu'il n'en soit pas ainsi.

Il pourrait alors organiser une institution analogue à la prise à partie.

Cette réforme suivrait probablement l'abolition de la vénalité des offices signalée par les chefs des parquets comme la véritable cause de la décadence. Mais cette

---

(1)   Nec deus intersit *nisi* dignus vindice nodus.

(HOR., *Ars poet.*)

dernière mesure rencontre des difficultés que de très-bons esprits jugent insurmontables et qui, dans tous les cas, doivent longtemps l'arrêter. Pourquoi n'en pas essayer avant elle une autre moins ambitieuse et qui, au mérite d'être plus aisée, joindrait peut-être celui de la rendre inutile?

Quoi qu'il en soit, la discussion théorique que nous avons exposée devant comme toute autre de cette nature aboutir, sous peine d'être oiseuse, à une règle pratique, voici la formule que nous croyons pouvoir en déduire : Le législateur ayant distingué la volonté des parties de l'acte qui la constate, leur a laissé le soin de la former et n'a imposé au notaire que l'obligation de l'exprimer. Par conséquent, lorsqu'un acte authentique a été pour les parties l'occasion d'un préjudice, pour savoir qui doit définitivement supporter ce préjudice, il faut se demander si elles ont été lésées par l'effet de leur volonté même, ou seulement par suite de l'expression donnée à cette volonté, de la traduction qu'en a faite le notaire, de la forme dont il l'a revêtue. En principe, la responsabilité du notaire en tant que fonctionnaire public ne peut être engagée, dans le premier cas, ni par ses omissions, ni par ses conseils, car ayant le droit de rester étranger à l'opération qu'il constate, lorsqu'il y intervient sans mandat pour guider les parties, il n'agit pas comme officier public et n'engage pas plus sa responsabilité que ne le ferait tout autre conseil. Mais ce principe souffre évidemment exception au cas de dol. Il s'efface, en outre, dans les cas où la loi a mis à la charge du notaire une obligation déterminée qui ne dériverait pas naturellement de la réception proprement dite de l'acte authentique. Les omissions du notaire sont alors répréhensibles puisqu'elles contreviennent à un devoir positif.

La règle ainsi précisée, il convient de la suivre dans ses applications. Pour cela, nous allons passer en revue les diverses manières dont un acte notarié peut être pour les parties l'occasion d'un préjudice, et nous demander si le notaire en répond. Mais avant d'aborder l'étude des fautes par lui commises dans l'exercice de ses fonctions, il semble naturel de dire quelques mots du refus de les exercer.

§ 1er. — *Refus d'instrumenter.*

Dès lors que l'autorité publique imposait aux particuliers l'obligation de faire constater par un notaire les actes auxquels ils veulent donner l'authenticité, leur premier droit était d'avoir toujours ce fonctionnaire à leur disposition, sans qu'il lui fût permis de leur refuser son ministère. Aussi, du jour où le notaire a revêtu un caractère public, il a commencé d'assumer cette obligation. « Notarius recusans recipere instrumenta si est rogatus de hoc, debet privari officio (1). » Ferrière en constate à la fois l'existence et le motif : « On tient, dit-il, qu'on peut contraindre un notaire à recevoir un pacte. La raison en est qu'il est personne publique. » (Liv. I, ch. XVI.)

La loi de 1791 recueillit ce principe (art. 6, sect. II, tit. Ier), que la loi de ventôse a formulé dans son art. 3 : « Ils sont tenus de prêter leur ministère quand ils en sont requis. »

Il n'est donc pas douteux que le refus du notaire de prêter son ministère puisse constituer une faute et, par conséquent, le rendre passible des dommages-intérêts. Sa responsabilité serait engagée par sa négligence à remplir son devoir, aussi bien que par un refus absolu, et l'on a vu con-

____

(1) Chassanée, *sur la Coutume de Bourgogne*, p. 257, n° 48.

damner un notaire qui, requis par une veuve d'avoir à dresser inventaire de la communauté dissoute, laissa passer les délais. (Paris, 12 décembre 1836.)

Le principe comporte du reste des exceptions qui avaient trouvé leur formule dans le projet de loi adopté en l'an VIII par le conseil des Cinq-Cents, et le passage qui les exprimait peut encore aujourd'hui être considéré comme le commentaire de l'art. 3 de la loi de ventôse.

Indépendamment des empêchements physiques qui se conçoivent sans qu'il soit besoin d'y insister, il est des cas où le notaire ne pourrait instrumenter sans commettre une faute : tels sont ceux où la loi le lui défend expressément (L. de ventôse, art. 6, 8, 11 et suiv.), ceux où on lui demande de passer un acte illicite, etc., etc. Il est trop évident que son refus, loin d'engager sa responsabilité, serait le moyen de la mettre à couvert.

Enfin, l'on s'accorde à reconnaître que le notaire a la faculté de refuser son ministère quand les parties ne veulent pas consigner entre ses mains le montant de ses honoraires et des droits d'enregistrement (1).

§ 2. — *Nullité de la forme authentique.*

Nous ne pouvons avoir la prétention d'étudier ici les causes de nullité des actes authentiques et de passer en revue les nombreuses questions que chacune d'elles a fait naître. Nous supposons qu'un acte a été déclaré nul en tant qu'instrument authentique, et nous recherchons quels sont les effets de cette nullité en ce qui concerne la responsabilité

______

(1) Art. 851, C. pr. civ. — Dalloz, v° *Notariat.*, 532. — Décis. min., 15 novembre 1844.

du notaire. Nous renvoyons donc pour l'étude des causes de nullité aux traités de droit civil et de science notariale, et nous nous contentons d'en faire ici, pour fixer les idées, une énumération rapide.

I. — L'art. 1317, C. civ., nous donne la définition de l'acte authentique valable. C'est, dit ce texte, « celui qui a été reçu par officiers publics ayant le droit d'instrumenter dans le lieu où l'acte a été rédigé et avec les solennités requises. » Nous pouvons donc ranger sous trois chefs les causes de nullité des actes authentiques : incapacité de celui qui le reçoit, incompétence de l'officier public, inobservation des formes requises.

La première cause de nullité est dans l'incapacité de celui qui reçoit l'acte : l'acte doit être reçu par le notaire lui-même. (Art. 1er.) Mais, de plus, le notaire est absolument incapable de dresser un acte valide s'il est suspendu, destitué ou remplacé, et si la nullité prononcée pour cette cause entraîne un préjudice, le notaire en doit réparation. (Art. 52, L. vent.) De même il ne peut instrumenter si lui-même ou ses parents ou alliés sont parties à l'acte (L. vent. art. 8.), ni si l'acte contient une disposition en sa faveur ou en celle des mêmes personnes. (Art. 8.)

L'acte est encore nul si le notaire l'a passé en dehors de son ressort. Les notaires, disait déjà Louet (Lettre N, nombre 10, n° 10), en dehors de leur ressort, « sont tenus et réputés pour personnes pures privées. » L'art. 6 de la loi de ventôse prononce contre le notaire qui instrumente hors de son ressort la suspension pour trois mois, la destitution en cas de récidive, et, en outre, « tous dommages-intérêts. »

Enfin, l'acte notarié ne peut valoir comme acte authentique s'il n'a pas été revêtu des formes requises à peine de nullité.

Les formes générales des actes authentiques sont réglées par la loi de ventôse; mais il est en outre des actes soumis à des formes spéciales, tels sont les testaments.

Parmi les formalités édictées par la loi de ventôse, il en est quatre auxquelles l'art. 68 attache expressément pour sanction la nullité. Les quatre dispositions dont il s'agit sont :

1º Celle de l'art. 9, qui veut que l'acte soit reçu par deux notaires ou par un notaire en présence de deux témoins. On sait quelle controverse s'était élevée sur l'interprétation de ce texte et comment la loi du 21 juin 1843 est venue le modifier.

2º Celle des art. 9, *in fine,* et 10, qui organisent la capacité des témoins. Nous aurons à insister sur ce point, car c'est un de ceux où la responsabilité du notaire est le plus souvent engagée.

3º Celle de l'art. 14, qui exige la signature des parties qui s'obligent, des témoins et des notaires, la mention de ces signatures et si certaines des parties ne peuvent ou ne savent signer, la mention de la déclaration faite à cet égard.

4º Enfin celle de l'art. 20, qui, sauf exceptions, prescrit au notaire de passer ses actes en minute.

Ces quatre règles ne sont pas les seules qui soient ainsi sanctionnées et la nullité totale ou partielle de l'acte résulte encore : 1º de ce qu'il ne contient pas les noms des témoins instrumentaires, leur demeure et le lieu de la passation de l'acte (1); 2º et 3º de ce que les renvois et apostilles, les surcharges et interlignes ne sont pas conformes aux prescriptions des art. 15 et 16.

Quant aux testaments, on sait que les art. 971 à 975 du

______

(1) Art. 12, qui renvoie à l'art. 68.

Code civil exigent pour la validité du testament par acte public : 1° qu'il soit dicté au notaire; 2° écrit par le notaire tel qu'il est dicté; 3° lu au testateur; 4° en présence des témoins; 5° que mention soit faite de ces quatre formalités; 6° que le testament soit signé du testateur, des témoins ou de quelques-uns d'entre eux et du notaire ou des notaires, sauf, si le testateur déclare qu'il ne sait ou ne peut signer, à remplacer sa signature par la mention de cette déclaration et de la cause qui l'empêche de signer; 7° enfin, l'art. 980 veut que les témoins appelés pour un testament soient mâles, majeurs, républicoles et jouissant des droits civils, et l'art. 975 défend d'admettre comme témoins, les légataires, à quelque titre que ce soit, les parents des légataires, leurs alliés jusqu'au quatrième degré inclusivement et les clercs des notaires. On reconnaît d'ailleurs que ces art. 975 et 980 organisent un système complet sur la capacité des témoins et qu'il ne faut pas exiger, par exemple, avec l'art. 9 de la loi de ventôse, qu'ils soient citoyens et domiciliés dans la commune.

Enfin, les règles des testaments mystiques sont exposées dans les art. 976 à 980.

II. — On n'a jamais contesté que la nullité de la forme authentique fût pour le notaire une cause de responsabilité et une énumération d'arrêts sur ce point serait aussi fastidieuse qu'inutile. On controverse au contraire la question de savoir si, pour que la responsabilité soit encourue, il n'est pas nécessaire que la faute présente une certaine gravité. Cette discussion dérivant immédiatement de la divergence de vues que nous avons signalée en étudiant les principes généraux de la matière, les développements que nous pourrions donner ici constitueraient répétition pure et simple. Nous avons conclu, contrairement à l'opinion de

M. Pagès et à celle de M. Éloy, que l'art. 1382 étant applicable au notaire, et l'étant sans restriction, il n'est pas nécessaire que sa faute soit une faute lourde et que, d'un autre côté, les juges, une fois la faute constatée, n'ont point à rechercher, comme lé veut M. Éloy, « si cette faute est de nature à entraîner une condamnation à des dommages-intérêts. » (N° 605.) Dans l'ordre d'idées réglées par l'art. 1382, toute faute oblige, si légère soit-elle. Il ne faut pas d'ailleurs perdre de vue que les règles dont nous étudions la violation sont imposées directement au notaire, écrites pour lui et pour lui seul. Les parties elles-mêmes n'ont point à les appliquer ni par conséquent à les connaître ; il est donc impossible de prétendre qu'en donnant leur signature à l'acte elles ont ratifié sur ce point l'œuvre du notaire. On ne saurait davantage leur reprocher de s'être adressées à un notaire négligent, car il s'agit ici non pas d'une plus ou moins grande habileté dans la conduite des affaires, mais de prescriptions essentielles à la fonction édictées pour tous les notaires sans exception, et dont, par suite, les parties sont en droit d'attendre de l'un quelconque d'entre eux la rigoureuse observance.

Nous avons invoqué, en faveur de notre opinion, le sentiment de Toullier (V, 389), les traditions constantes de l'ancien droit auquel la loi de ventôse n'a nullement dérogé.

Abstraction faite de cette discussion sur les principes et des conséquences qui en dérivent, il reste peu de questions débattues sur les applications elles-mêmes, et parmi les causes de responsabilité, la nullité de la forme authentique est une des moins contestées.

III. — On pourrait cependant, dit M. Rolland de Villargues, songer à établir une différence entre la violation des formes générales prescrites par la loi de ventôse et celle des formes spéciales à certains actes, par ce motif que ces derniers étant d'un moins fréquent usage, un oubli paraît peut-être plus excusable, mais l'auteur écarte avec raison cette considération.

Il est vrai que l'ancienne jurisprudence, sans être unanime, tendait généralement à exonérer le notaire de toute responsabilité à raison de la nullité des testaments (1), mais c'est qu'elle en considérait les règles comme imposées plutôt aux parties qu'au notaire. Il est permis de douter de l'exactitude de ce point de vue, et bien que les traditions anciennes paraissent avoir influé sur quelques arrêts (2), elles sont aujourd'hui unanimement repoussées (3). M. Éloy va même jusqu'à dire que « l'on doit peut-être se montrer plus rigoureux en matière de testaments, parce que cette matière est plus délicate. » Telle paraît avoir été la pensée du législateur romain, puisqu'il assimilait au dol l'omission des formalités testamentaires. (L. 29, C., *de Test.*) D'ailleurs, le Code charge expressément le notaire de mentionner l'accomplissement de ces formalités, il est donc impossible de soutenir que le préjudice qui résulte de leur inobservation soit imputable à la partie.

IV.— La question la plus délicate de cette partie du sujet concerne la capacité des témoins. Le notaire est-il tenu de s'enquérir de leur capacité? Quelle est l'étendue de son obligation, quelles sont les précautions au moyen desquelles il mettra à couvert sa responsabilité?

1) Le notaire, cela n'est pas douteux, répond de l'incapa-

---

(1) Jullien, *Élém. de jur.*, p. 208 ; Furgole, *Testam.*, XII, n° 15. — *Contra* Rebuffe, sur les ordonn., tit. *de litter. Oblig.*, art. 4.

(2) Rouen, 7 juin 1809 ; Bordeaux, 13 janvier 1812 ; Colmar, 11 février 1815.

(3) Toullier, V, 389 ; Grenier, 232 *bis*.

cité des témoins instrumentaires; l'art. 68 vise expressément les art. 9 et 10 qui s'y rapportent. Ces témoins sont, en effet, ses coopérateurs : c'est, on l'a dit, à lui et à lui seul, de composer le tribunal de famille devant lequel comparaissent les parties. Mais on a soutenu qu'au contraire, le notaire n'avait point à répondre de l'incapacité des témoins testamentaires, que ces témoins étaient en fait choisis par les parties sans que le notaire eût le loisir de se livrer à des vérifications suffisantes. Ce système a été admis par la Cour de Toulouse (22 juillet 1838), mais son arrêt est resté isolé, et l'opinion contraire peut être considérée comme certaine (1).

2) Mais l'incapacité d'un témoin entraîne-t-elle nécessairement la responsabilité du notaire ? D'après une note de Dalloz (1872, I, 225), certains arrêts le décident ainsi, d'autres ne condamnent le notaire qu'autant qu'il a commis une faute grave; enfin, les arrêts de cassation déclarent qu'il est responsable dans tous les cas où il est en faute, aux termes des art. 1382 et 1383 (2). Nous nous rangeons sans hésiter à cette dernière manière de voir. La question, en effet, et c'est ce que paraît méconnaître la première série d'arrêts, présente ici un caractère complexe étranger au cas où l'observation de la loi dépend uniquement de la volonté du notaire. Ainsi, qu'il omette une des mentions exigées, il est nécessairement en faute, il n'avait qu'à vouloir pour l'éviter. Au contraire, qu'un témoin soit incapable, il ne s'ensuit pas que le notaire ait été négligent : peut-être a-t-il fait tout ce qu'il pouvait faire, c'est évidemment là un point de pur fait.

(1) Req., 4 mai 1875; Cass., 5 février 1872. — Nîmes, 13 novembre 1856 ; Metz, 22 mars 1852; Douai, 2 juillet 1851.

(2) Cass., 15 janv. 1845, 7 juillet 1847.

En effet, aucune loi ne prescrit un mode spécial de vérification. La Cour de Grenoble (6 août 1846) a cru pouvoir décider que le notaire qui ne connaît pas les témoins doit se faire attester leur individualité par deux témoins connus de lui. C'est là une exigence dont on ne trouve pas de trace dans les textes.

L'interpellation adressée aux témoins semble être le moyen le plus naturel de s'assurer de leur idonéité, mais il faut noter qu'elle n'est pas toujours nécessaire et peut aussi n'être pas suffisante. Un arrêt de Douai (9 novembre 1846) déclare que l'interpellation excuse nécessairement le notaire, mais cette doctrine est signalée comme une exagération en sens inverse de celle de l'arrêt de Grenoble. Il se peut, en effet, que diverses circonstances, similitude de nom, âge, origine, se soient rencontrées qui eussent dû inspirer des soupçons au notaire et le porter à prendre de plus amples informations. C'est ce qu'a jugé la même cour dans un arrêt du 4 mai 1875 qui mérite de nous retenir un moment.

Il pose, en effet, en principe que la mention, faite dans le testament, de l'interpellation adressée aux témoins et de leur réponse, ne saurait créer au notaire un titre qui le mette à l'abri de toute responsabilité. En effet, dit la Cour de Douai, le notaire ne peut instrumenter pour lui-même, il ne peut se ménager une preuve résultant d'un acte authentique, nul pour tout le monde, excepté pour lui. On a critiqué cette doctrine, et il est à remarquer que la Cour de cassation ne l'a pas reproduite dans son arrêt de rejet (4 mai 1875). M. l'avocat général Reverchon inclinait même, dans ses conclusions, à penser que les déclarations du testateur et des témoins sont prouvées, jusqu'à inscription de faux, malgré la nullité du testament. L'acte, a-t-on dit, est sans doute nul, en tant que testament, il est réputé ne pas contenir les dernières volontés du défunt, mais il vaut toujours comme acte authentique. Donc, la mention de l'interpellation doit avoir la force probante attachée à la mention de l'accomplissement de toutes les formalités destinées à assurer la validité des actes notariés. Le notaire, d'ailleurs, n'a pas d'autre moyen de constater qu'il a pris les précautions nécessaires. Enfin, il n'est pas exact que cette mention ne soit faite que dans l'intérêt du notaire; en réalité, son but est d'assurer la validité du testament. Elle profite, indirectement, il est vrai, au notaire rédacteur, mais elle a cela de commun avec toutes les autres mentions qui portent sur l'accomplissement des formalités exigées par la loi.

Un arrêt de Dijon (1er avril 1874) exonère le notaire parce qu'il avait averti les témoins qu'ils devaient n'être ni parents, ni alliés des légataires. De même, la Cour de Colmar (26 décembre 1860), dans une espèce où un testament avait été annulé parce que l'un des témoins n'était pas Français, a déchargé le notaire de toute responsabilité, sur cette considération qu'il avait donné aux témoins connaissance des art. 975 et 980, et que tous avaient déclaré réunir les conditions d'aptitude voulues par la loi. Ce ne sont là que des arrêts d'espèces.

L'erreur commune pourrait être une cause de justification, mais à condition qu'elle fût jugée invincible, ce qu'il appartient aux tribunaux de décider souverainement. Ainsi, malgré la croyance générale à la capacité du témoin, le notaire peut être déclaré en faute, par exemple si d'autres circonstances étaient de nature à attirer son attention et s'il avait des moyens de contrôle. (Rouen, 4 juin 1862.)

Faudrait-il attribuer plus de force à cette circonstance que les témoins auraient été présentés au notaire par le testateur lui-même? La responsabilité pourrait être prononcée même en ce cas. (Dijon, 1er avril 1874.) C'est, en effet, au notaire et au notaire seul qu'incombe la mission de réunir des témoins capables. (Nîmes, 7 novembre 1848.) Cependant la Cour de Chambéry (8 janvier 1875) a admis que si les témoins ont été présentés par le testateur, si le notaire ne les connaissait pas, s'il les a interpellés, il n'est pas responsable de leur parenté avec le testateur.

Terminons par cette observation générale que les vérifications personnelles seront souvent impossibles au notaire appelé à dresser un testament. La nécessité d'agir vite, la difficulté de se renseigner la nuit, loin de toute habitation, ce sont évidemment là des circonstances que les juges auront à prendre en considération pour savoir si le notaire a fait tout ce qui dépendait de lui pour éviter l'erreur.

Conformément au droit commun et malgré un arrêt contraire de Douai (2 juillet 1851), c'est à la partie de prouver la faute du notaire. (Nîmes, 13 novembre 1856.) Mais il faut reconnaître avec M. Dalloz, qu'en fait, le fardeau retombera presque toujours sur le notaire, car les juges seront portés à admettre les moindres circonstances alléguées par les parties.

§ 3. — *Nullité tenant à la forme intrinsèque.*

Indépendamment des formes qui donnent à l'acte l'authenticité, il se peut qu'il en comporte d'autres exigées *ad solemnitatem* : c'est ainsi qu'une donation doit contenir la mention expresse de l'acceptation du donataire. Ces formalités sont appelées intrinsèques. Il est encore possible que la volonté des parties ne produise l'effet de droit qu'elles en attendent qu'autant qu'elle revêt telle forme plutôt que telle autre : c'est ainsi que le mineur qui veut disposer à titre gratuit doit le faire par testament, et non par donation, et qu'un don mutuel ne peut être passé par un seul et même acte (art. 968, C. civ.).

Quand l'acte, valable en tant qu'authentique, est nul pour défaut des formalités intrinsèques ou parce que la forme qui lui a été donnée, encore que parfaite en soi, n'est pas celle que la loi exigeait, le notaire est-il responsable? Cette double question est très-controversée et ne laisse pas que d'être délicate.

Un parti considérable dans la doctrine (1), appuyé sur l'autorité de l'ancien droit, soutient que le notaire ne répond des nullités de la forme intrinsèque qu'autant que l'on peut lui reprocher un dol ou une faute lourde. La raison qu'ils en donnent est que si la forme authentique regarde exclusivement le notaire, au contraire, il n'a pas à s'occuper de la forme intrinsèque de l'acte : tout au moins, les fautes commises sur ce point sont-elles communes aux parties, mal fondées pour ce motif, à en demander réparation à autrui.

Telle est la doctrine que nous trouvons formulée et même exagérée dans un arrêt déjà ancien, mais qui est encore un des plus connus en la matière, celui de Riom, 28 juillet 1829 (Allaguillaume) qui adopte purement et simplement les motifs d'un jugement de Moulins, rédigé de la manière la plus remarquable (11 mai 1826). Ce jugement, après avoir posé en thèse cette idée, suivant nous inexacte, que le notaire ne répond jamais que du dol et de la faute lourde, déclare même qu'il ne répond pas toujours de la faute lourde. C'est à ce propos qu'il distingue d'abord les nullités de fond et les nullités de forme, puis, parmi celles-ci, les nullités

---

(1) MM. Roll. de Vill., Pagès, Massé.

qui tiennent à la forme extrinsèque et celles qui touchent, au contraire, à la forme intrinsèque. « Les formalités intrinsèques, dit-il, sont celles qui appartiennent à la substance de la stipulation, qui sont du fait des parties et pour l'accomplissement desquelles le notaire ne peut être considéré que comme rédacteur ou interprète de leurs volontés... L'omission de telles formalités et les vices qui s'y rattachent sont personnels aux parties, lesquelles ont à s'imputer d'avoir choisi un notaire ignorant ou inattentif qui n'a pas su les guider dans l'observation de la loi... » A côté de cette décision, il faut encore citer l'arrêt de Bourges du 28 août 1832. Il exonère un notaire qui avait reçu par un seul et même acte une donation mutuelle entre époux.

A la même époque, la doctrine contraire se trouve déjà dans plusieurs arrêts, dont l'un des plus notables est celui de Rennes du 29 avril 1842. (Req. rej., 12 avril 1843.) Un notaire est appelé auprès d'une mourante qui veut faire des dispositions libérales en faveur de son conjoint. On lui déclare qu'elle est mineure et on lui laisse pleine liberté sur la forme de l'acte. Le notaire oublie l'art. 904 et fait une donation ; le tribunal et la Cour de Rennes le rendirent responsable de la nullité, sur ce motif « que les notaires sont tenus de connaître la forme dans laquelle doivent être rédigés les divers actes auxquels ils peuvent seuls conférer le caractère de l'authenticité. » Voilà pour l'erreur sur le choix de la forme. Quant à l'omission de formalités intrinsèques, la même Cour, par un arrêt du 20 mars 1841, en avait déjà rendu le notaire responsable dans une espèce où deux époux complétement illettrés, voulant se faire une donation réciproque, s'étaient adressés à un notaire, lequel avait omis de mentionner l'acceptation du mari. Or, il était certain que celui-ci acceptait, sans quoi il n'eût pas donné son autorisation.

Aujourd'hui où domine la théorie du mandat légal, il est évident que la jurisprudence doit s'inspirer des mêmes idées et nous ne sommes pas surpris non plus de voir M. Éloy conclure dans le même sens. Mais il faut remarquer que sur ce point, il n'est pas seul dans la doctrine et que certains auteurs, tout en niant d'une manière générale l'existence du mandat légal, rendent cependant le notaire responsable des nullités de la forme intrinsèque. (Pont, Dalloz.)

Pour nous, conformément à la distinction posée plus haut, nous avons à nous demander si la nullité est en pareil cas inhérente à la volonté même des parties ou si elle dérive seulement de la réception de l'acte. Ainsi posée la question ne saurait être douteuse. Le notaire obligé de recevoir les actes est aussi obligé de le faire dans les formes tracées par la loi. Ses omissions sont répréhensibles, parce que c'est pour lui un devoir positif d'entourer l'acte de toutes les formalités nécessaires à sa validité. Surtout, dans les cas où la loi impose aux parties l'intervention d'un notaire, elles doivent naturellement penser qu'il leur suffira de lui faire connaître leur volonté pour qu'il la revête des formes dont dépend son efficacité. Elles sont parfaitement fondées à croire que le législateur l'a substitué à elles-mêmes sur ce point. Sans doute le notaire n'a pas à se mettre à leur place pour la formation même de leur volonté, et s'il le fait, c'est là un bon office qui ne saurait en aucun cas engager sa responsabilité. Mais son rôle de notaire commence dès qu'elle est formée et qu'il ne s'agit plus que de la fixer dans un instrument authentique.

§ 4. — *Erreurs de rédaction.*

Le notaire est évidemment tenu d'exprimer exactement la volonté des parties. Si donc, même involontairement, par négligence, inattention, il arrive à la travestir, sa responsabilité est engagée aux termes de l'art. 1382.

Mais, il est bon de le remarquer, comme l'acte, jusqu'à la clôture, n'est qu'un projet et qu'il en est donné lecture aux parties avant qu'elles le signent, la présomption sera qu'il exprime bien leurs intentions, puisqu'elles y ont donné leur approbation. Partant de là, on a dit que les erreurs de rédaction ne sont jamais imputables au notaire, parce que les parties se les approprient en écoutant la lecture sans observation. (Pagès, p. 42 et 43.)

Telle n'a jamais été l'opinion de la jurisprudence. Lorsqu'il est établi que l'erreur est due non pas aux déclarations incomplètes ou inexactes des parties, mais au notaire, il est condamné, sauf si les parties sont elles-mêmes coupables de négligence, à partager la responsabilité et à ne leur attribuer qu'une fraction des dommages-intérêts qu'elles réclament. Voici l'espèce la plus remarquable que l'on ait citée : le créancier de deux rentes viagères se présente chez un notaire pour donner mainlevée de l'hypothèque affectée à la sûreté de l'une d'elles. Le notaire, en rédigeant l'acte, confond les numéros des inscriptions ; il en résulte la radiation de l'hypothèque qui garantissait le remboursement de l'autre. Cette radiation entraîna la perte de la créance. La Cour de Lyon, considérant que le notaire avait sous les yeux tous les documents propres à prévenir son erreur, le rendit responsable. Mais comme le créancier n'était pas non plus exempt de faute, puisqu'il connaissait ou devait connaître le numéro de l'inscription dont il consentait mainlevée, ce notaire n'eut à réparer qu'une partie du préjudice (1). (Lyon, 13 avril 1832.)

§ 5. — *Erreurs sur le fond du droit.*

Nous supposons ici qu'un acte, d'ailleurs valable en tant qu'acte authentique, a été déclaré nul par suite de l'absence des conditions requises pour sa validité. Ainsi, le consentement n'a pas existé ou bien il a été inficié par l'erreur, le dol ou la violence, la capacité a fait défaut aux parties, enfin, la convention n'était pas licite. Un préjudice est résulté de cette nullité : le notaire doit-il être condamné à le réparer ?

En réalité, il y a là deux questions que l'on a quelquefois confondues au grand préjudice de la clarté des idées.

On peut d'abord se demander si le notaire, qui connaît l'absence des conditions nécessaires à la validité des stipulations qu'il se charge de rédiger et qui, malgré cela, consent à en passer acte, est responsable de l'événement ? Cette première question ne saurait faire doute.

Un notaire qui consent à instrumenter pour une personne en état d'ivresse, d'aliénation mentale (Bordeaux, 5 août 1841) ou d'imbécillité notoire (Aix, 23 avril 1847), pour un mandataire dont les pouvoirs ont été révoqués, alors qu'il en est averti par une opposition formelle du mandant (Aix, 30 mars 1833), répond évidemment de la nullité de l'acte. En le passant, il s'est rendu coupable d'un fait de commission qui l'oblige, car c'est pour tous un devoir absolu de s'abstenir de tout agissement de nature à nuire à autrui.

(1) En ce sens, Éloy, n° 91. — *Contra* Pagès, p. 43 et suiv.

Il est donc inutile qu'il existe dans la loi une prohibition formelle. Que si cette prohibition y est écrite, la faute n'en est que mieux caractérisée. Un notaire se rend adjudicataire des biens qu'il est chargé de vendre (C. civ., art. 1596); il prête son ministère à un acte destiné à frauder des créanciers (Paris, 7 mai 1873) : il est, sans difficulté, responsable d'une faute dont il a été le complice ou l'auteur. Sur cette première question, le doute ne pouvait naître.

Mais il se peut aussi que le notaire ignore les causes de nullité, l'incapacité des parties, le caractère frauduleux de leurs stipulations; il se peut que, consulté sur la légalité de telle ou telle cause, il laisse commettre ou même conseille, d'ailleurs de bonne foi, une erreur qui entraîne la nullité de l'acte. Est-il responsable de n'avoir pas veillé à ce que toutes les conditions de validité fussent réunies, l'est-il d'avoir donné un mauvais conseil? Telle est la seconde question, beaucoup plus délicate, que l'on formule d'ordinaire en demandant si le notaire répond des nullités qui touchent au fond du droit.

Il apparaît clairement dès l'abord que la solution dépend nécessairement de l'opinion que l'on se fait du rôle légal du notaire. En effet, le droit commun ne permettant d'incriminer ni les conseils donnés de bonne foi, ni les omissions, dès lors que la loi n'a pas fait de l'action un devoir, la question revient évidemment à savoir si le notaire est légalement obligé de s'immiscer dans la formation même de la convention des parties et si, quand il le fait bénévolement, en donnant un conseil, il ne fait qu'exécuter un des devoirs nécessaires de sa charge.

On conçoit déjà que les nullités de fond sont imputées au notaire dans le système qui met à sa charge un mandat légal. M. Éloy et la jurisprudence qu'il formule déclarent qu'il rentre essentiellement dans les fonctions du notaire de veiller à ce que les parties ne commettent point de nullités dans leurs actes. Ils invoquent en outre le danger que présenterait l'impunité, et la difficulté de faire la preuve du dol. Enfin, ils concluent en condamnant le notaire, tantôt d'après l'art. 68 de la loi de ventôse, tantôt d'après les art. 1382 et 1383 du Code civil. M. Éloy réserve naturellement, à titre de tempérament, le pouvoir discrétionnaire des tribunaux libres, non-seulement d'atténuer, mais d'écarter absolument la responsabilité par telles considérations qu'il leur plaît. En résumé, il ne fait aucune différence entre les nullités de fond et les nullités de formes.

Au contraire, jusqu'à l'avénement de la jurisprudence relativement récente dont M. Éloy s'est fait l'interprète et le panégyriste, il n'avait été douteux pour personne qu'il y eût lieu d'établir une distinction profonde entre l'acte notarié lui-même et les volontés privées qu'il a pour but de constater. Faire un acte authentique valable, c'est, disait-on, l'affaire du notaire et de lui seul; si l'acte est nul en tant qu'authentique, il est juste que les parties s'en prennent à lui sans qu'il puisse les repousser en alléguant une communauté dans la faute. Mais faire que la convention elle-même réunisse toutes les conditions nécessaires à sa validité, c'est toujours l'affaire des parties; elles ne sont nullement déchargées de ce soin, parce que, au lieu de se contenter d'un écrit sous seing privé, elles tiennent à imprimer à leur volonté un caractère de certitude plus grande; si donc, l'acte authentique étant valable, un préjudice résulte pour elles des stipulations qu'il renferme, la faute en est à elles seules, elles n'en peuvent faire porter les conséquences au notaire. Lui eussent-elles même demandé conseil, ne dussent-elles qu'à ses avis d'avoir introduit dans leur contrat la clause qui leur a porté grief, il est de principe qu'un conseil donné de bonne foi n'oblige pas celui qui le donne. D'ailleurs les parties doivent s'imputer d'avoir fait choix d'un notaire négligent ou ignorant.

Telle est la doctrine qui, à nous léguée par l'ancienne jurisprudence, a été acceptée d'une notable partie de la nouvelle. Non-seulement Brillon, Louet, Henrys rapportent en ce sens nombre d'arrêts qu'ils approuvent, mais Ferrière présente la distinction dont nous parlons comme absolument certaine. « Il n'y a pas de doute, » dit-il... Cette manière de voir est encore celle de presque tous les auteurs (1). Ils pensent qu'aujourd'hui, comme autrefois, si l'on met à part le cas où le notaire a commis un dol qui fait exception à toutes les règles, ou une faute lourde assimilable au dol, les nullités de fond n'engagent point sa responsabilité.

On n'attend pas de nous que nous entrions ici dans une discussion dont les éléments sont absolument les mêmes que ceux dont nous avons eu à donner connaissance dans l'exposé des principes généraux. — Nous ne voulons pas répéter ici que, contrairement à l'assertion des adversaires, l'autorité de l'ancien droit, en ce qui touche la distinction capitale qu'il faisait du rôle du notaire et de celui des parties, reste tout entière, puisque le législateur de 1791 et.de l'an XI a expressément déclaré que l'on n'entendait point innover en ce qui touche les fonctions du notaire. Nous n'entreprendrons pas davantage de prouver une seconde fois que cette distinction est écrite dans l'art. 1er de la loi de ventôse, que l'existence d'un mandat légal est sans cesse alléguée, sans avoir jamais été établie : ce sont des points

---

(1) Roll. de Vill., v° *Resp.*, 132 et suiv.; Massé, liv.I, ch. xvii; Pagès, p. 120; *Diction. du notariat.*

sur lesquels nous nous sommes expliqué. Nous nous bornerons à faire remarquer que l'art. 68, souvent invoqué dans la question, y est absolument étranger et qu'il suffit de le lire pour reconnaître qu'il ne vise aucun cas de responsabilité en dehors des nullités de la forme authentique textuellement prononcée par la loi de ventôse elle-même.

En résumé, tant que la théorie du mandat légal restera à l'état de pure allégation, tant que l'on n'aura pas démontré que l'obligation de « recevoir acte » de la volonté des parties implique celle de prendre part à la formation de cette volonté, nous nous croirons obligé d'appliquer au notaire les règles du droit commun sur les conseils et les omissions.

Reste maintenant à passer en revue quelques-unes des principales applications de l'un et l'autre système.

Suivant celui des deux que l'on adoptera, l'on décidera si le notaire est ou non responsable de l'incapacité des parties. La négative adoptée autrefois par tous les arrêts et les auteurs (1), soutenue depuis par Fouquet (2), Pagès (3), Dalloz (4), est combattue par M. Éloy. Cet auteur nous paraît méconnaître complétement ce principe que l'omission n'est une faute qu'autant que l'action est un devoir. Le notaire n'est pas, comme il le dit (n° 366), tenu de réparer les dommages qu'il « pouvait » empêcher, mais ceux qu'il « devait » empêcher. Il s'étonne que ses adversaires, tout en niant que le notaire soit en faute de ne pas s'enquérir de la capacité des parties, reconnaissent au contraire la faute

____

(1) Ferrière, liv. I, chap. XVII.

(2) *Bibl. du barreau*, 1807, 2ᵉ partie, p. 43.

(3) *Resp. des Not.*, p. 117.

(4) *Jurisp. générale*, vᵒ *Not.*, p. 424, n° 7, et *Oblig.*, p. 459, n° 4. — D. P., 1857, II, 17. En ce sens, Alger, 17 avril 1833; Douai, 28 juin 1843; Orléans, 24 juillet 1856.

et, par suite, la responsabilité quand il a passé un acte pour un homme ivre ou privé de raison, ou pour un mandataire dont il sait que les pouvoirs sont révoqués. (V. ci-dessus.) Il voit là une contradiction qui fait sentir le peu de solidité de leur doctrine. Cette contradiction ne nous apparaît point. L'abstention pour être un devoir n'a pas besoin d'être écrite dans la loi ; il en est autrement de l'action.

Bien que la jurisprudence tende de plus en plus à considérer le notaire comme réunissant la double qualité de fonctionnaire public et d'homme d'affaires des parties, plusieurs arrêts se refusent encore à le rendre responsable des nullités qui tiennent au fond du droit, à moins que l'on n'ait à lui reprocher un dol ou une faute si lourde qu'elle doive être assimilée au dol. Un arrêt de Montpellier (7 avril 1866), confirmé par la Cour suprême (13 avril 1869), déclare que le notaire n'est pas responsable de la nullité d'une constitution d'hypothèque pour désignation insuffisante des biens grevés. Les circonstances du fait étaient d'ailleurs favorables au notaire, mais la doctrine de l'arrêt se fonde en droit sur ce que, « si l'art. 68 de la loi de ventôse an XI rend les notaires responsables des erreurs qui entraînent la nullité de leurs actes, cette nullité n'est pas nécessairement applicable au cas où l'acte, valable en lui-même, renferme certains accessoires qui ne répondent pas aux conditions exigées pour leur validité. »

Une inscription hypothécaire ayant été déclarée nulle pour défaut de mention de la date de l'exigibilité, la Cour d'Alger a exonéré le notaire (14 mai 1870, et Req., 20 mars 1872), et la même doctrine avait inspiré un arrêt souvent cité en la matière, l'arrêt d'Orléans (26 janvier 1839), confirmé en cassation le 26 décembre 1840. Un notaire avait conseillé de prendre une hypothèque générale. La Cour, pour l'exonérer, disait que : « L'obligation de conseiller les parties ne peut s'étendre jusqu'à rendre le notaire responsable d'une erreur qui, tenant au fond du droit et non à la régularité de la forme, paraît avoir été commune aux parties. »

Enfin, un récent jugement du tribunal de Périgueux (31 mai 1877), reproduit exactement la même idée et déclare, en propre termes, que la responsabilité notariale est restreinte « au cas unique de dol ou de faute lourde, relativement aux formalités intrinsèques proprement dites ou aux conditions de validité pouvant intéresser le fond du droit; que les notaires ne sauraient, en thèse générale, être responsables des nullités de ce genre, lorsque, par ignorance du droit, mais de bonne foi, ils ont pu croire valide une clause qui ne l'est pas. »

Toutefois, il faut reconnaître qu'aujourd'hui la majorité des arrêts n'établit aucune distinction entre les nullités de forme et les nullités de fond. C'est ce qui ressort d'un très-grand nombre de décisions, entre lesquelles on peut citer : un arrêt de la Chambre des requêtes (17 août 1869), qui déclare le notaire responsable d'avoir laissé insérer dans un acte une stipulation de réméré pour un temps supérieur à cinq ans. La même doctrine se retrouve dans un arrêt de Rouen, 16 mars 1870. (Req. rej., 10 juillet 1871.)

La Cour de Rennes l'a appliquée le 30 juin 1875, par une décision de laquelle il résulte que les notaires ne sont pas seulement responsables des nullités de fond commises dans les actes authentiques, mais même dans les actes sous seing privé dont les premiers ont été l'occasion. Dans l'espèce, une femme mariée s'était, sans autorisation, portée caution pour une somme de 4,000 fr. dont son mari était constitué débiteur par suite d'une transaction. Le cautionnement était contenu dans une obligation sous seing privé, mais qui avait été souscrite dans l'étude par l'entremise d'un clerc, le même jour que l'acte transactionnel. La Cour de Rennes, considérant que le notaire, en se faisant le « promoteur de la transaction, se rendait moralement responsable de son exécution, » qu'en outre, il avait commis une « infraction précise aux règles de sa profession qui l'obligeait à avertir ses clients du vice de l'instrument sur lequel se fondait la transaction, » prononça une condamnation que la Cour suprême confirma le 17 août 1876.

Enfin, un arrêt de Lyon (8 février 1867), dont on peut voir la critique au *Journal des Notaires et des Avocats* (30 avril 1877), rend le notaire responsable pour avoir, sur l'ordre formel d'un donateur, ajouté en marge de la donation, jusque-là parfaite, qu'il venait de négliger, la clause prohibée par l'art. 945 du Code civil, addition qui entraînait la nullité de l'acte.

Disons, avant de quitter cette matière, que dans plusieurs cas les lois, décrets, ordonnances imposent expressément au notaire l'obligation de veiller à ce que certaines conditions de fond soient réunies. Il ne saurait être douteux pour nous que dans ces cas sa responsabilité fût engagée par ses omissions. Ainsi, d'après l'ordonnance du 14 janvier 1831 (1), aucun notaire ne peut passer acte de vente, d'acquisition, d'échange, de cession ou transport, de constitution de rente, de transaction, au nom d'une communauté religieuse, s'il n'est justifié de l'ordonnance ou du décret portant autorisation de l'acte et qui doit y être entièrement inséré (art. 2).

De même, une circulaire du ministre de la justice (21 mai 1806) défend aux notaires de passer acte des achats

______

(1) *Adde* avis du Conseil d'État, 24 avril 1840.

d'immeubles que les communes voudraient faire sans justifier d'une autorisation préalable du Gouvernement.

Ces textes et autres analogues, certainement obligatoires
pour le notaire, lui imposent ainsi certains devoirs spéciaux,
dont la violation ne pourrait manquer d'engager, le cas
échéant, sa responsabilité.

§ 6. — *Contenu des actes.*

Le préjudice peut résulter de ce que certains faits énoncés
dans l'acte ont été ensuite controuvés, de ce que certaines
qualités prises par les parties ont été reconnues fausses. Le
notaire est-il responsable de la vérité du contenu de ses actes ?
Doit-il se livrer à des vérifications personnelles qui lui permettent de reconnaître l'exactitude ou la fausseté des allé-
gations des parties ?

En doctrine, la négative fut de tout temps certaine. Ses
fonctions, disait déjà Dumoulin, se bornent à attester ce dont
il a lui-même été témoin « quorum notitiam et scientiam
habet propriis sensibus (1). » Telle était aussi la jurisprudence des XVIIe et XVIIIe siècles. Un notaire avait passé
un contrat pour une femme mariée qui lui paraissait rapporter l'autorisation de justice. Or, l'arrêt était faux ; le
contrat fut annulé. Le notaire actionné en responsabilité
fut renvoyé sans dépens par arrêt du 7 mars 1684. Ferrière
exprime la même idée en termes généraux : « Le notaire
n'est pas garant de ce qui est exprimé par les parties. »
(Liv. I, chap. xvii.)

C'est encore cette doctrine que l'on retrouve dans un
grand nombre d'arrêts de ce siècle, entre lesquels ceux de

_____

(1) *Sur la Coutume de Paris*, § 8, glose 1, n° 64.

Lyon, 16 août 1861 ; Nancy, 6 décembre 1853 ; Cassat.,
9 août 1843 et 9 août 1853.

Bien entendu, la responsabilité du notaire apparaîtrait,
s'il avait à se reprocher un dol ou une faute si lourde qu'elle
méritât de passer pour un dol. C'est ce qui a été souvent
décidé, notamment par un arrêt de cassation (15 décembre
1841) confirmant la condamnation prononcée contre un
notaire qui, dans un acte de prêt, avait inséré sur la solvabilité de l'emprunteur des énonciations fausses, sachant
qu'elles étaient fausses (1). L'application de cette idée
présente, à la vérité, quelques difficultés quand le notaire
ne connaît l'inexactitude des faits allégués que par suite
d'actes passés dans son étude. Nous nous y arrêterons quand
nous étudierons l'étendue de l'obligation de discrétion qui
incombe au notaire.

La règle comporte évidemment encore des exceptions
dans tous les cas où la loi a imposé au notaire des vérifications personnelles.

Dans cet ordre d'idées, nous trouvons tout d'abord les
prescriptions de l'art. 11 de la loi de ventôse, relatives à
l'individualité des parties : « Le nom, l'état et la demeure
des parties devront être connus des notaires ou leur être
attestés dans l'acte par deux citoyens connus d'eux, ayant
les mêmes qualités que celles requises pour être témoins
instrumentaires. » L'obligation écrite dans l'art. 11 résultait
déjà des ordonnances de Louis XII et de François Ier (1558
et 1555) et du décret du 29 septembre 1791.

L'inobservation de l'art. 11, quand il en résulte un préjudice, engage-t-elle la responsabilité du notaire? C'est ce
qui ne nous paraît pas douteux. Il est vrai que ni l'art. 11,

(1) *Adde* Orléans, 17 juin 1852 ; Cass., 29 décembre 1847 ; Paris, 4 décembre 1855.

ni l'art. 68 ne prononcent en pareil cas de dommages-
intérêts; mais nous avons vu que la responsabilité n'a pas
besoin pour exister d'avoir été expressément édictée.
(V. notamment Riom, 11 janvier 1859.)

On s'accorde d'ailleurs à reconnaître que le mode de
vérification indiqué par l'art. 11 n'est pas toujours possible
à appliquer. D'après M. Dalloz (1), ce serait à Paris un
usage constant, dans l'impossibilité où se trouvent les notaires de connaître individuellement les témoins certificateurs, de constater leur individualité à l'aide de patentes,
quittances de contributions, passe-ports et autres papiers en
bonne forme. Les tribunaux auront évidemment à décider
si le notaire a fait tout ce qui dépendait de lui pour éviter
l'erreur. (Éloy, n° 350.) « Nous ne voyons pas d'autre
moyen de concilier l'art. 11 avec l'art. 3 qui oblige les
notaires à prêter leur ministère lorsqu'ils en sont requis. »
(Pagès, p. 70.)

Remarquons-le, toutefois; il ne s'agit pas ici d'une de
ces obligations qui, relatives à la forme notariée, sont
imposées au notaire, et à lui seul. Au fond, les vérifications
dont il s'agit sont, par nature, l'affaire propre des parties,
et si la loi n'avait pas expressément chargé le notaire d'y
prendre part, on ne saurait lui imputer d'y avoir manqué.
Il suit de là que le notaire serait à couvert, si l'une des
parties avait elle-même certifié l'individualité de l'autre ou
si elle avait formellement dispensé le notaire de toute constatation à cet égard. (Cass., 17 mars 1828.) De même, par
application de l'exception de la faute commune, si dans
l'hypothèse d'un faux par supposition de personnes la partie
lésée avait connu ce faux et s'était ainsi volontairement

____

(1) V° *Responsabilité*, n° 403.

exposée au danger d'une éviction, elle serait certainement non recevable à attaquer le notaire. (Cass., 4 avril 1831.)

Si le notaire est garant de l'individualité des parties, son obligation n'est pas indéfinie : il dégage sa responsabilité en prenant à cet égard les précautions que la loi lui impose. Sur l'attestation fausse de deux témoins certificateurs, un notaire rédige une procuration au nom d'une personne qui n'est pas, en réalité, celle qui lui est présentée. La Cour de Rennes l'a, à bon droit, exonéré, ainsi que le notaire qui sur la foi de cette procuration avait reçu un acte d'obligation. (Rennes, 13 juillet 1875.)

Les témoins certificateurs doivent être connus du notaire; ils doivent, en outre, présenter « les mêmes qualités que les témoins instrumentaires. » La question s'est posée de savoir si le notaire répond de l'incapacité de ces témoins, et M. Pagès a soutenu la négative (p. 73). Si l'art. 11, dit cet auteur, exige que le notaire connaisse les témoins certificateurs, c'est uniquement pour faciliter le recours des parties contre eux en cas de fausse déclaration. D'ailleurs, ajoute-t-il, ces témoins sont, en fait, choisis par les parties. Mais la majorité des auteurs repousse cette manière de voir. L'art. 11 est formel : les témoins certificateurs doivent avoir les mêmes qualités que les témoins instrumentaires. Les obligations du notaire et sa responsabilité sont les mêmes relativement aux uns et aux autres (1). (Roll. de Vill., Éloy.)

La délivrance des certificats de vie et celle des certificats de propriété présentent des applications particulièrement intéressantes des règles que nous venons d'exposer.

La délivrance des certificats de vie nécessaires pour le

_____

(1) Quant au point de savoir si l'interpellation suffit pour dégager la responsabilité du notaire, voir, pour l'affirmative, Dalloz, n° 411; pour la négative, Éloy, n° 377, et nos explications à cet égard, § 1er ci-dessus.

paiement des rentes viagères et des pensions sur l'État, comporte même une grave extension de la responsabilité du notaire.

Le droit de les délivrer, après avoir été d'abord accordé exclusivement à des notaires spéciaux appelés notaires certificateurs (décr. 21 août 1806), et avoir été ensuite étendu à tous les notaires de Paris, mais à eux seuls (ordonn. 30 juin 1814), appartient aujourd'hui à tous les notaires. Or, aux termes du décret précité (art. 9), les notaires certificateurs sont garants et responsables envers le Trésor public de la vérité des certificats de vie par eux délivrés et cela, qu'ils aient ou non exigé l'intervention de témoins pour attéster l'individualité du rentier. Le texte réserve naturellement leur recours contre qui de droit.

Les règles sur la délivrance des certificats de vie ont été formulées par l'administration des finances dans une instruction du 27 juin 1839, et cette instruction déclare expressément que les notaires sont tenus de se conformer aux prescriptions qu'elle renferme et que leurs infractions, si elles ont eu pour effet de conduire le Trésor public à des paiements d'arrérages qui n'étaient point dus, engageront leur responsabilité (art. 1 et 2). Elle ajoute que les vérifications à faire ne portent pas seulement sur l'individualité des parties, mais encore sur les indications de tout genre qu'elle ordonne d'insérer dans les certificats. Elle va même jusqu'à rendre le notaire responsable de la vérité de certaines déclarations que les parties ont à faire, en vertu des lois prohibitives du cumul (art. 3).

Ces dispositions, on le voit, ont un caractère exceptionnel. Elles sont fondées sur l'intérêt général auquel il importe que l'administration du Trésor puisse payer en sécurité sans avoir à faire de recherches préalables.

Des considérations analogues ont donné lieu au déplacement de responsabilité qui s'opère, quand le transfert de l'inscription d'une rente inscrite au Grand-Livre est effectué sur le vu d'un certificat de propriété délivré par un notaire.

La loi du 28 floréal an VII porte que, en cas de mutations autres que les transferts, le nouvel extrait d'inscription sera délivré à l'ayant droit sur le simple rapport : 1° de l'ancien extrait d'inscription ; 2° d'un certificat de propriété ou d'un acte de notoriété contenant ses nom, prénoms et domicile, la qualité en laquelle il possède, l'indication de sa portion dans la rente et l'époque de sa jouissance (art. 6). S'il y a eu « inventaire ou partage par acte public, ou transmission gratuite à titre entre-vifs et par testament, c'est le notaire détenteur de la minute qui délivre le certificat. Dans le cas contraire, c'est le juge de paix. Or, ce certificat de propriété a cet effet d'opérer la décharge du Trésor (art. 7). En cas d'usurpation de la chose d'autrui, ce n'est pas le Trésor, bien qu'il ait mal payé, c'est le notaire dont la responsabilité peut être engagée.

Aussi peut-il se refuser à délivrer un certificat de propriété, s'il a des doutes sérieux sur l'existence du droit, sauf aux parties à vaincre judiciairement sa résistance, si ses craintes ne sont pas fondées. (Nancy, 6 décembre 1853.) Il devrait même refuser la délivrance des certificats de propriété hors des cas prévus par la loi. Ainsi, des établissements particuliers ne seraient pas recevables à exiger des certificats de propriété à l'occasion des paiements qu'ils peuvent avoir à faire à des héritiers ou à des légataires. La raison en est que ce mode simplifié de justification, prive le Trésor des droits auxquels donnaient lieu les extraits et expéditions qu'il remplace. De même, les notaires ne peuvent délivrer de certificats de propriété qu'autant qu'ils sont détenteurs de la minute de l'un des actes énumérés ci-dessus (art. 6, L. floréal an VII). Cependant, l'usage contraire s'est généralement établi. Se fondant sur l'art. 25 de la loi du 25 ventôse an XI, qui leur donne le droit de dresser des actes de notoriété de toute espèce, les notaires, en cas de mutation d'un titre de rente par suite d'un décès, s'il n'y a ni inventaire, ni partage, ni testament, commencent par rédiger un acte de notoriété dont ils gardent minute ; puis, sur le vu de cette minute, ils dressent un certificat de propriété. Ce mode de procéder est accepté par le Trésor et approuvé par quelques auteurs (1), mais il a été à plusieurs reprises jugé illégal (2). Tout récemment, par une décision qui ne peut qu'être maintenue, le tribunal de Saint-Mihiel a condamné un notaire, malgré sa bonne foi, à réparer le dommage résultant de ce que le certificat qu'il avait ainsi dressé, avait permis à l'héritier apparent de toucher une somme à laquelle il n'avait pas droit. (Saint-Mihiel, 26 décembre 1877.)

Le certificat doit contenir toutes les mentions exigées par la loi de floréal, et le notaire répond de la vérité des faits qu'il avance. Comme la loi ne dit rien de la capacité, on a jugé que le notaire n'était pas en faute de n'avoir rien mentionné à cet égard. (Cass., 8 août 1827.)

Il appartient d'ailleurs aux juges du fait de dire si l'erreur du notaire n'a pas été invincible, et de l'exonérer s'il a été trompé par la production de pièces fausses et l'attestation de faux témoins. (Cass., 9 août 1843.)

Le soin de faire les vérifications que nous venons de passer en revue est imposé au notaire par des prescriptions formelles de la loi. Il ne pouvait donc guère être douteux que

(1) Voir une décision ministérielle de 1852, et les notes ou instructions de la dette inscrite, année 1875.

(2) Paris, 31 juillet 1853 ; Cass.. 8 mai 1854.

le notaire, en y manquant, engageât sa responsabilité. Mais en dehors de ces cas, est-il en sa seule qualité de notaire obligé, avant de passer un acte, de se faire attester et la capacité des parties et l'origine de la propriété et la situation hypothécaire des biens offerts en gage et l'existence de la créance cédée où des garanties qui l'accompagnent? Ce sont là autant de points sur lesquels les arrêts sont en désaccord. La solution dépend encore et toujours de l'idée que l'on se fait du rôle du notaire et, pour préciser davantage, des obligations que l'on juge renfermées dans celle de « recevoir les actes. »

Pour nous, nous ne pouvons que persister à regarder la convention que renferment ces actes comme l'œuvre exclusive des parties. A elles donc de prendre ou de faire prendre par un mandataire qui peut, du reste, être le notaire lui-même, s'il consent à s'en charger, toutes les précautions nécessaires pour n'être pas trompées. A elles de vérifier les faits allégués par ceux qui contractent avec elles, et si la loi a, dans certaines hypothèses, expressément chargé le notaire de ces vérifications, cela même démontre qu'en thèse générale ce n'est pas à lui qu'elles incombent.

Cet argument *a contrario*, parfaitement valable puisqu'il tend à ramener au droit commun, paraît avec toute sa force en ce qui concerne la capacité des parties. Le législateur de ventôse a expressément réglementé la matière. Il a ordonné au notaire de tenir affiché dans son étude un tableau des interdits et des personnes pourvues d'un conseil judiciaire (1). Il a pris soin de prononcer des dommages-intérêts contre le notaire contrevenant, dans le cas où une partie, privée de l'avertissement que lui eût donné le ta-

(1) Loi de ventôse, art. 18, légèrement modifié par les art. 501, 897, C. civ.; 92 et 175 du tarif décret, 16 février 1807.

bleau, a contracté avec un interdit. De quelle utilité serait cette disposition formelle si le notaire était déjà dans tous les cas responsable de l'incapacité des parties et tenu de vérifier leurs qualités?

L'ancien droit tout entier confirme cette interprétation. C'est un point que Ferrière présente comme constant. « Un notaire, dit-il, n'est pas obligé, à chaque contrat qu'il passe, de consulter le tableau des interdits. » (Liv. I, c. XVII.) Aussi, Merlin (*Rép.*, v° *Interd.*, § 6), Loret (*Science notar.*), Garnier-Deschênes, Massé et Pagès (p. 78) sont unanimes sur ce point, et M. Éloy est à peu près seul à le contester (n° 186).

Et si le notaire n'est pas tenu de connaître l'incapacité des interdits qui contractent devant lui, bien qu'il en ait le nom dans son étude, à plus forte raison peut-il, sans être en faute, ignorer celle des mineurs et des femmes mariées. C'est aux parties de la connaître : « Nemo ignarus esse debet conditiouis ejus cum quo contrahit. »

Les mêmes raisons s'appliquent aux autres vérifications qu'il nous reste à examiner et qui sont surtout relatives à l'origine de la propriété et à la situation hypothécaire des biens offerts en garantie.

Un notaire reçoit un acte de vente. Or, il se trouve que le vendeur n'était pas propriétaire, le notaire est-il responsable de n'avoir pas exigé à l'appui de son dire des titres de propriété? La Cour de Nancy l'a condamné. (23 avril 1864.) Il nous paraît cependant que c'était à l'acquéreur de savoir si le bien qu'il achetait appartenait ou non à son vendeur. Il a été jugé que la responsabilité du notaire en pareille matière se borne à la faute lourde, même quand il a proposé aux parties de passer l'acte qui leur a porté préjudice. Ainsi, un notaire s'entremet pour faire opérer une cession de créance : en réalité cette créance n'existe plus. Le notaire a cependant été exonéré. (Besançon, 26 mars 1870.) La responsabilité a encore été écartée dans un cas où le cédant, qui avait consenti la subrogation au profit du cessionnaire, n'était en réalité que créancier chirographaire. (Lyon, 23 août 1841.)

C'est surtout à l'occasion des actes constitutifs d'hypothèques que l'on attaque le notaire pour défaut de vérifications personnelles.

Que le notaire soit responsable d'avoir consenti à recevoir une constitution d'hypothèque sur un bien qu'il savait parfaitement n'être plus la propriété du débiteur (Req., 15 août 1865), rien n'est plus juste. On se montre peut-être un peu trop exigeant quand, pour prouver qu'il avait connaissance de l'aliénation, on se fonde sur ce qu'il avait été passé devant lui acte d'une société où l'immeuble était entré (Req., 3 août 1858); mais enfin, ce n'est là qu'une question d'appréciation.

Mais nous ne pouvons admettre que le notaire, en cette seule qualité, soit tenu d'interroger les titres de propriété des biens hypothéqués et constater par un examen personnel si ces biens appartiennent au constituant. La Cour de cassation a cependant admis « que ce soin rentre essentiellement dans l'ordre de ses fonctions. » (Rej., 27 mai 1857.) Nous regardons comme mieux fondée la doctrine d'un arrêt de Douai, aux termes duquel : « S'il n'est pas établi que le notaire ait agi comme mandataire, s'il n'a fait que recevoir un acte de prêt hypothécaire, il n'est pas responsable de ce qu'une partie des biens hypothéqués n'était pas la propriété de l'emprunteur. ». (Douai, 29 mai 1844.) La même doctrine paraît avoir inspiré à la Cour de Paris une décision, du 2 mai 1860, par laquelle elle exonère un notaire, resté simple rédacteur, de la responsabilité que l'on voulait faire peser sur lui à raison du défaut de transcription de la donation qui avait fait entrer le bien hypothéqué dans le patrimoine du débiteur.

§ 7. — *Effets des actes.*

La convention étant d'ailleurs valide, l'acte authentique qui la renferme régulier, les énonciations qu'il contient conformes à la vérité, enfin la volonté des parties exprimée telle qu'elle a été manifestée, il se peut cependant que cet acte soit pour elles l'occasion d'un préjudice. Peut-être l'opération a-t-elle été imprudente au moins de la part de l'une d'elles, peut-être les conséquences en ont-elles été funestes à ses intérêts. Dans ce cas, la partie lésée qui, si elle avait contracté par acte sous seing privé, ne pourrait évidemment s'en prendre qu'à elle-même, attaquera souvent et même presque toujours le notaire rédacteur de l'acte authentique. Tantôt elle lui reprochera de ne l'avoir pas éclairée sur les conséquences de l'acte qu'elle allait faire, tantôt même de le lui avoir conseillé. Doit-elle être écoutée quand elle impute ainsi au notaire une omission ou un conseil?

Il est aisé de voir que ce n'est ici que l'un des aspects d'une même question : le notaire a-t-il le droit de rester étranger aux conventions qu'il est appelé à constater, est-il, au contraire, indépendamment du rôle qu'il joue comme fonctionnaire public, tenu, en sa seule qualité de notaire, de se constituer l'homme d'affaires des parties? La réponse, on le comprend du reste, comporte la même variété que nous avons remarquée dans les paragraphes précédents.

Quant à nous, qui cherchons à savoir, non pas ce que le

législateur eût pu faire, mais ce qu'il a fait, nous l'avons déjà dit, nous ne pouvons admettre que le notaire soit le mandataire légal des parties. Tout en reconnaissant qu'il est moralement tenu de les éclairer, nous ne croyons pas, dans l'état actuel des textes, qu'il puisse être rendu responsable de ne l'avoir pas fait, encore moins de leur avoir donné de bonne foi un conseil qui leur a nui.

Nous savons déjà que si cette opinion rallie la majorité des auteurs et a longtemps inspiré les arrêts, elle est aujourd'hui abandonnée par la plus grande partie de la jurisprudence. Après avoir soutenu que les parties qui s'adressent à un notaire sont déchargées du soin de veiller à la validité de leurs actes, on soutient encore qu'elles n'ont même plus à s'occuper de leur utilité, et que le notaire n'est pas seulement obligé d'apercevoir les causes de nullité des opérations qu'il constate, mais encore les effets préjudiciables qu'elles peuvent engendrer.

Il est vrai que, d'après M. Éloy et certains arrêts de cassation, cette obligation ne serait pas indéfinie et que le notaire ne serait pas garant de *toutes* les conséquences de ses actes. Mais, comme la loi, ne contenant pas le principe de ce prétendu devoir, n'en peut non plus poser la limite, la restriction dont s'agit est, en fait, purement verbale, et les tribunaux sont maîtres absolus de faire supporter au notaire les conséquences même les plus lointaines des actes passés devant lui.

Il faut, du reste, répéter ici une remarque que nous avons déjà faite plus d'une fois : c'est que, dans le cas où le notaire s'est rendu coupable de dol, a donné sciemment son concours à un acte frauduleux, ou même a commis une de ces fautes qui ne peuvent s'expliquer que par le dol, il est, de l'aveu de tout le monde, responsable des conséquences. Un tuteur démissionnaire et le nouveau tuteur colludent à l'effet de faciliter au premier un emprunt hypothécaire primant la créance des mineurs. Pour cela, ils simulent un apurement du compte de tutelle et un paiement du reliquat, puis la même somme est prêtée à l'ancien tuteur au nom des pupilles, mais cette créance n'est plus garantie que par une hypothèque en seconde ligne. Le notaire rédacteur de l'acte de prêt qui avait donné des instructions pour cette opération a été à bon droit déclaré responsable de la perte de la créance des mineurs. (Lyon, 13 janvier 1871.) De même, le notaire connaît l'âge avancé, la faiblesse d'esprit des parties et les pratiques mises en œuvre par des tiers suspects, il commet une faute grave assimilable au dol et, à ce titre, est responsable (1).

Mais, en dehors de ces cas, nous ne pensons pas que l'on puisse poser en thèse la responsabilité du notaire. Bien que la jurisprudence soit en général contraire à cette manière de voir, elle n'est cependant pas unanime à la condamner. Les arrêts qui l'ont admise dans les quarante premières années de la promulgation du Code, sont même fort nombreux (2). Depuis, ils sont beaucoup plus rares; cependant, entre autres décisions, il a été jugé, le 18 juillet 1845, par la Cour de Lyon, que le notaire, rédacteur d'un acte de vente, qui n'est ni mandataire ni *negotiorum gestor*, n'est pas en faute de n'avoir pas retiré du bureau du conservateur l'état des charges hypothécaires de l'immeuble vendu; le 2 février 1857, par la Cour de Caen, qu'un notaire n'est pas responsable du défaut de solidité d'un remploi qu'il a conseillé de bonne foi en sa qualité unique de notaire instrumentaire et en dehors de tout mandat ou gestion

____

(1) Lyon, 23 août 1866, et rej., 4 mai 1868.

(2) Paris, 16 août 1832. 27 novembre 1834; Lyon, 3 mai 1844. — V. Dalloz, *Jurisp. Génér.*, v° *Responsabilité*, 362, 364.

d'affaires ; le 10 juillet 1869, qu'un notaire qui n'est ni mandataire ni *negotiorum géstor* de son client n'encourt pas de responsabilité à raison de ce qu'il ne lui aurait donné aucune preuve de sollicitude et se serait prêté à la multiplicité des actes qui ont aggravé son passif.

La Cour de cassation elle-même, le 10 mai 1870, a rejeté le pourvoi dirigé contre une décision qui avait exonéré le notaire, rédacteur d'une donation avec charges, auquel on reprochait de n'avoir pas éclairé la donatrice sur l'insolvabilité du donataire. Le 6 juillet de la même année, elle rendait un arrêt inspiré par la même doctrine, où elle fondait la décharge du notaire sur ce qu'il avait joué un rôle purement instrumentaire (1).

Toutefois, nous l'avons dit, les arrêts contraires sont de beaucoup les plus nombreux. Ne pouvant les indiquer tous, nous nous bornerons à relever les premiers, où la théorie du mandat légal, appliquée aux conséquences des actes, ait été formulée avec netteté.

Parmi ces arrêts, le plus remarquable est celui de Paris, 29 août 1852, bien que la doctrine qu'il énonce, apparaisse déjà dans plusieurs décisions antérieures. (Paris, 12 août 1842 ; Rouen, 21 janvier 1841.) Il déclare que les notaires ne sont pas des rédacteurs passifs des actes passés devant eux ; qu'ils sont tenus de veiller à l'observation des formalités dont l'absence pourrait compromettre l'intérêt des parties, et que leur responsabilité s'accroît avec l'inexpérience des contractants : doctrine dont nous ne contestons pas l'équité, mais qui ne nous paraît pas légale. Dans l'espèce, un notaire avait reçu acte d'un prêt hypothécaire. Là s'était bornée son intervention ; il n'avait, ni choisi l'emprunteur,

____

(1) V. toutefois Dalloz, 70, I, 145.

ni dirigé le placement. Or, l'immeuble hypothéqué était entré dans le patrimoine du débiteur, par suite d'une donation que lui en avait faite sa femme, mais cette donation n'avait pas été transcrite. Le notaire a été rendu responsable de n'avoir pas recherché si la transcription avait eu lieu, et si l'immeuble était libre de toute hypothèque du chef de la donatrice.

Après cet arrêt, il faut citer surtout le jugement de Soissons (13 mai 1857), confirmé purement et simplement par la Cour d'Amiens, le 24 novembre 1857, et l'arrêt d'Aix du 28 avril 1870, sur lesquels nous nous sommes longuement expliqué.

La doctrine de ces arrêts peut être aujourd'hui tenue pour constante (1).

§ 8. — *Complément des actes.*

Les devoirs du notaire ne cessent pas toujours avec la rédaction de l'acte. Dans quelques cas, la loi lui impose certaines obligations qui n'en sont que des suites lointaines. Ainsi l'art. 68 du Code de commerce oblige le notaire à effectuer le dépôt du contrat de mariage des commerçants qui en ont passé acte dans son étude. Il ne le rend d'ailleurs responsable qu'au cas de collusion. De même quand des dons ou legs sont faits à des établissements de bienfaisance, le notaire qui les a reçus est tenu d'en donner avis aux administrateurs (2).

(1) Voir notamment Req., 14 novembre 1866, 25 juin 1867, 3 mars 1869 ; Agen, 14 mars 1866 ; Lyon, 3 mars 1868 ; Bourges, 22 août 1877. — V. Dalloz, *Jurisp. générale*, v° *Responsabilité*, 328 à 384, et Table des vingt-deux années, 258 à 341.

(2) Circul. 11 octobre 1844. — V. aussi pour les testaments : Déc. des 30 décembre 1809, 6 novembre 1813 ; Ordonn. des 16 juin 1814 et 2 avril 1817.

Mais en thèse générale, si l'acte a besoin de recevoir en dehors de l'étude un certain complément, comme l'inscription ou la transcription, le notaire est-il tenu de le lui donner ? La négative a toujours été dominante ; elle peut être aujourd'hui regardée comme définitivement adoptée par la jurisprudence, qui s'accorde à ne pas étendre jusque-là les effets du mandat légal (1). Mais il est vrai de dire que cette limitation est purement arbitraire, aussi a-t-on vu certaines Cours s'en écarter. (Douai, 16 février 1855.) La Cour de Paris, qui s'était montré la plus rigoureuse à cet égard (2), paraît être revenue à l'opinion commune.

Dans un arrêt du 4 août 1873, réformant un jugement du tribunal de la Seine du 4 octobre 1872, elle a décidé que le notaire n'est pas chargé par le seul fait de ses fonctions de donner aux actes qu'il a reçus le complément et l'exécution dont ces actes sont susceptibles. Dans l'espèce de l'arrêt, un notaire reçoit un contrat de mariage où il est stipulé que la rente apportée par la future ne pourra être aliénée que moyennant un remploi fait en valeurs déterminées. Le notaire ne veille pas à ce que l'inscription de cette rente au tribunal porte la mention du remploi, et le mari, grâce à cette omission, aliène la rente en dehors des conditions du contrat et sans remploi. Le tribunal de la Seine avait rendu le notaire responsable, la Cour l'a exonéré par une décision qui, étant donnée l'existence d'un mandat légal, nous paraît plus humaine que logique.

§ 9. — *Enregistrement des actes.*

« Les droits des actes à enregistrer seront acquittés, savoir : par les notaires, pour les actes passés devant eux... »

---

(1) Cass., 18 août 1873 ; *adde* Rouen, 24 novembre 1852 ; Lyon, 14 mars 1855 ; Trib. de la Seine, 24 avril 1868, etc., etc.
(2) Paris, 14 janvier 1854, 13 juin 1854.

Telle est la disposition de l'art. 29 de la loi du 22 frimaire an VII, et l'art. 33 prononce la peine de l'amende contre les notaires contrevenants. Il en résulte que l'enregistrement constitue une obligation personnelle et directe du notaire envers le Trésor. Dès là qu'un acte authentique est achevé, cette obligation prend naissance.

On en a conclu que le notaire qui omet de faire enregistrer un acte qu'il a reçu est responsable non-seulement envers le Trésor mais encore envers les parties s'il en est résulté pour elles un préjudice. Cette double conséquence était expressément formulée par l'art. 9 de la loi du 19 décembre 1790. Sous l'empire de cette loi le défaut d'enregistrement portait souvent préjudice aux parties, parce que l'acte était nul en tant qu'acte public. Aujourd'hui où l'authenticité de l'acte est indépendante de l'enregistrement (1), les parties éprouveront rarement un préjudice, puisque l'amende est acquittée par le notaire lui même. « Cela ne pourrait à peu près arriver, dit M. Pagès (p. 91) que dans le cas où le défaut d'enregistrement aurait mis obstacle à la délivrance d'une expédition et empêché ou retardé une exécution urgente. »

Quoi qu'il en soit, le principe est certain et reconnu par les auteurs et les arrêts. L'acte une fois parfait, le notaire est tenu de le faire enregistrer même s'il n'a pas reçu les fonds nécessaires à cet effet. C'était à lui d'en exiger le versement avant de donner à l'acte sa perfection. Il en a le droit, mais il doit en user avant que la partie à la charge de laquelle le paiement des frais a été stipulé donne sa signature. Le notaire ne pourrait plus ensuite, pour éviter les droits d'enregistrement, refuser la sienne sans se rendre respon-

---

(1) L. 22 frimaire an VII, art. 33 et 73.

sable des suites de l'imperfection de l'acte. (Bourges, 29 avril 1823). Le notaire à qui les parties ont promis d'effectuer le paiement des droits en temps utile, pour que l'enregistrement puisse avoir lieu dans les délais légaux, n'en reste pas moins débiteur direct du Trésor, si elles manquent à leur promesse, mais il est clair que les tribunaux auront à en tenir compte dans ses rapports avec elles. (Éloy, n° 183.)

SECTION IV.

OBLIGATIONS PROFESSIONNELLES ÉTRANGÈRES A LA RÉCEPTION DES ACTES.

§ 1. — *Obligation de résidence.*

Autrefois il était loisible aux notaires de transporter leur résidence dans un lieu quelconque de leur ressort. (Loret, I, 170.)

Il n'en est plus ainsi. Une loi des 29 mars-12 septembre 1791 vint enjoindre à tous les fonctionnaires publics de résider aux lieux pour lesquels ils avaient été établis (art. 1er), et déclara démissionnaires les contrevenants (art. 13). La loi des 25 septembre-6 octobre fit aux notaires l'application expresse de cette règle (art. 10), que la loi de ventôse an XI a confirmée dans son art. 4 (1).

L'infraction à l'obligation de résidence peut, indépendamment de la démission forcée qui en résulte, servir de fondement à une action en dommages-intérêts de la part des notaires qui ont pour résidence légale la commune où se transporte le contrevenant (2).

(1) Voir aussi l'art. 12 modifié par l'art. 10, 16 juin 1854.
(2) Rouen, 26 juin 1837, 9 février 1839; Caen, 4 juin 1857, 23 juin 1851, 28 mai 1861, 11 juillet 1861.

Est-il nécessaire, pour cela, que le notaire ait une seconde étude, des registres spéciaux, des minutes, des clercs? On l'a soutenu. Le notaire, a-t-on dit, peut incontestablement instrumenter dans toute l'étendue de son ressort (art. 5, L. vent.). Personne n'y contredit dans les cas où il en est requis. Or, nullé part la loi n'exige, pour qu'il le puisse faire, une réquisition préalable. Mais un avis du Conseil d'État (7 fructidor an XII) est formel en sens contraire. La Cour de cassation a décidé que l'obligation de résidence est enfreinte quand l'un des notaires ruraux se rend périodiquement au chef-lieu de canton pour se tenir à la disposition de tous ceux qui ont besoin de son ministère, et que l'art. 5 de la loi de ventôse n'a jamais entendu conférer aux notaires la faculté d'avoir l'équivalent d'une double résidence. (Cass., 30 mai 1859.) On peut aujourd'hui regarder comme constant en jurisprudence que la responsabilité peut être prononcée dès là que l'habitude est établie.

Mais est-ce au notaire défendeur de prouver que, s'il a instrumenté hors de sa résidence, c'est qu'il en a été requis? La Cour de Toulouse a admis la négative. (14 août 1843.) Mais ses adversaires n'ont pas non plus besoin de prouver directement l'absence de réquisition, et le conseiller rapporteur de l'arrêt de cassation précité disait que les juges pouvaient très-bien l'induire des circonstances : périodicité, local déterminé, nombre des actes, etc.

§ 2. — *De l'obligation au secret.*

On convient unanimement que les notaires sont « obligés de garder le secret dans les affaires qui leur passent entre les mains. » (Ferrière, liv. I, ch. xviii.) C'est l'avis de tous les auteurs anciens ou modernes. Mais quelle est au juste l'étendue de cette obligation? C'est ce qu'il est beaucoup moins facile de déterminer.

L'art. 23 de la loi de ventôse défend expressément aux notaires « de donner connaissance » de leurs actes à d'autres qu'aux personnes intéressées et à leurs ayants droit, sans une ordonnance du président du tribunal civil, à peine d'amende, de dommages-intérêts et, au cas de récidive, de suspension pendant trois mois. Il est donc hors de doute qu'un notaire qui, spontanément et sans motif, irait divulguer le secret des actes par lui passés serait responsables des suites de son indiscrétion.

Mais l'obligation au secret est-elle absolue, de telle sorte qu'aucune circonstance ne puisse justifier le notaire de ne l'avoir pas gardé? Ce point divise les auteurs.

I. — Il est, toutefois, une double exception qui, écrite dans la loi, ne saurait faire difficulté (art. 23, ventôse). La communication des actes doit être faite à toute réquisition aux préposés de l'enregistrement qui ne peuvent d'ailleurs déplacer la minute. En outre, certains actes doivent être publiés dans les tribunaux : tels sont : le contrat de mariage des commerçants (C. comm., art. 67 et 68) et l'extrait des actes de société. (C. comm., art. 42.)

II. — Mais le notaire peut-il être tenu de déposer en justice des faits qui ne sont venus à sa connaissance que dans l'exercice de ses fonctions? S'il le fait, peut-il être actionné en responsabilité comme ayant manqué à son devoir de discrétion?

L'ancienne jurisprudence établissait, au dire de Langloix, Denisart et Pigeau, entre les matières criminelles et les matières civiles une distinction qui paraît adoptée par la plupart des auteurs modernes. (Roll. de Vill., v° *Secret*, 1107.) Aux termes de cette distinction, les notaires ne pourraient déposer sur les faits à eux révélés en cette qualité que dans les affaires criminelles. Quant à la jurisprudence, s'il en fallait croire M. Éloy, elle se serait décidée en faveur de la conservation du secret; mais c'est la proposition contraire qui résulte des décisions mêmes que cite cet auteur, car si deux arrêts de Cours d'appel (Montpellier, 24 septembre 1827, et Bordeaux, 16 juin 1835) ont, en effet, reconnu au notaire le droit de refuser de déposer, la Cour de cassation a condamné cette doctrine de la manière la plus formelle dans deux arrêts du 10 juin 1853 et du 23 juillet 1830. Le premier déclare expressément que le refus n'est permis au notaire que « dans le seul cas où les faits sur lesquels il est interrogé lui ont été révélés sous le sceau du secret, » et qu'il ne lui suffit pas d'alléguer « que c'est dans l'exercice de ses fonctions que le fait sur lequel sa déposition est requise est venu à sa connaissance. » Le second exprime formellement que les notaires ne sont pas compris dans l'expression de l'art. 378, C. pén., « toutes autres personnes; » que la défense à eux faite par l'art. 23 de la loi de ventôse « est plutôt une défense de divulguer qu'un secret absolu qui leur est imposé. »

L'arrêt de 1830 va même plus loin; il semble repousser la distinction apportée ci-dessus, en disant qu'elle est, à la vérité, proposée « par quelques auteurs..., mais ne paraît fortifiée par aucun mouvement de jurisprudence. »

III. — La question la plus délicate de la matière consiste à savoir si le notaire appelé à insérer dans un acte une énonciation dont la fausseté ne lui est révélée que par un autre acte qu'il a passé, a le droit d'en donner connaissance.

L'hypothèse pratique est celle où, dans un acte d'aliénation ou de constitution d'hypothèque, l'immeuble est déclaré franc et quitte de toutes charges autres que celles exprimées. Le notaire sait pertinemment qu'il en existe d'autres, peut-il le déclarer?

Les auteurs (sauf M. Éloy qui fait des réserves) sont d'accord pour admettre la négative et pour la fonder sur son obligation au secret. (V. Roll. de Vill., v° Not., 495.)

Cette doctrine nous paraît inacceptable. Il nous est impossible d'admettre que le notaire soit tenu de laisser tromper l'une des parties par l'autre, et d'insérer dans un acte une énonciation fausse sachant qu'elle est fausse; nous croyons même qu'il n'en a pas le droit. (En ce sens, Caen, 5 août 1854).

Mais que penser alors de l'opinion d'un auteur (1) d'après lequel le notaire ne pourrait révéler les charges existant sur l'immeuble même, si elles le grevaient à son profit! Cette singulière proposition est, hâtons-nous de le dire, repoussée par tous les autres auteurs (2). Non-seulement des faits positifs de dol ou de fraude, mais le simple silence du notaire sont, à notre avis, répréhensibles. L'ancien droit se montrait très-sévère à cet égard. Pothier suppose qu'un notaire qui a la jouissance d'un immeuble consent à dresser acte d'un bail par lequel le bailleur donne à ferme à un tiers ce même immeuble, et qu'ensuite il tente d'expulser le fermier. Celui-ci lui opposera victorieusement l'exception de dol (3). Avant lui, Basnage avait dit en propres termes : « C'est une jurisprudence établie par les arrêts, que si un notaire reçoit un contrat de constitution de rente par lequel l'obligé déclare que ses biens ne sont affectés à aucune autre rente et qu'il ne s'oppose point à cette déclaration lorsqu'il

(1) M. Pagès, p. 142 ; V. aussi Cass., 10 novembre 1828. -

(2) Roll. de Vill., v° Not., n° 497. — Dalloz, v° Priv. et Hyp., n° 2485, etc. — Proud'hon, Usufr., 2178.

(3) Anal. D., L. 4, § 12, de doli mali et metus Except.; D., L. 26, § 1, de Pign. et Hyp.; L. 9, § 1, Quibus modis pign.

est créancier de la même personne, pour la peine de son silence frauduleux on lui fait perdre son hypothèque (1). » Il n'est pas douteux pour nous que la réticence du notaire n'entraîne sa responsabilité, et il ne faudrait pas alléguer à sa décharge le système de publicité qui existe aujourd'hui, car la publicité des inscriptions n'empêche pas que ce soit un stellionat de présenter comme libres des biens déjà hypothéqués. (Grenier, *Hyp.*, t. II.)

§ 3. — *Dépôt des minutes.*

Le notaire est dépositaire légal et nécessaire, non-seulement des minutes des actes qu'il a reçus, mais encore de toutes les minutes de ses prédécesseurs, inscrites à leurs répertoires. C'est même à cause de cette obligation, que Charles VI, par lettres patentes de 1411, institua les panonceaux aux armes de France, afin que l'attention publique fût attirée sur la maison du notaire, et que des secours plus prompts lui fussent portés en cas de danger.

La perte d'une minute serait donc pour le notaire une cause de responsabilité (Douai, 1er juillet 1816), et il en serait de même de la perte des pièces annexées. (Cass., 17 décembre 1861.) Un notaire ayant remis à une veuve instituée héritière avec deux de ses enfants, la minute d'un testament, pour le faire enregistrer, l'acte fut détruit pendant la nuit, par les héritiers non institués. Le notaire fut déclaré responsable. (*Gaz. des tribunaux*, 25 janvier 1843.)

Le notaire n'étant pas dépositaire volontaire, et remplissant une obligation légale, ne peut demander à être cru sur sa simple déclaration, au-dessus de 150 fr. (art. 1924).

____

(1) *Traité des Hyp.*, p. 272. — V. aussi Ferrière, liv. I, ch. xx.

Les minutes ne sont pas les seúls titres que les notaires puissent être tenus de conserver. Quand un dépôt de pièces est effectué entre leurs mains, s'il l'est par suite même des fonctions notariales, il y faut appliquer les mêmes règles qu'au dépôt des minutes. La distinction, entre les diverses espèces de dépôt que peut recevoir le notaire, présentait surtout de l'importance, avant la loi du 22 juillet 1867. L'art. 2060 prononçait la contrainte par corps, contre les notaires, pour la restitution des titres à eux confiés : or, cela ne devait s'entendre que des dépôts à eux faits, comme officiers publics, et non comme hommes privés.

§ 4. — *Délivrance des grosses et expéditions.*

Les notaires peuvent (art 1ᵉʳ, L. vent.) et même doivent (art. 23) délivrer aux parties expéditions des actes qu'ils ont passés pour elles, et si leur refus, jugé mal fondé, était la cause d'un préjudice, ils en seraient responsables. Ils ont, du reste, le droit de refuser la délivrance des expéditions tant que leurs honoraires ne leur sont pas payés (art. 851, C. pr. civ.).

Quant aux grosses, le notaire n'en peut délivrer une seconde que sur ordonnance du président du tribunal, ou si toutes les parties y consentent ensemble dans un acte authentique qui doit rester joint à la minute (art. 25 et 26). L'infraction est punie de la destitution, mais nul doute qu'elle ne puisse aussi fonder une action en dommages-intérêts.

Les notaires ne peuvent délivrer d'expéditions aux tiers, sans une ordonnance du président du tribunal (art. 23).

L'expédition doit être la copie littérale du titre. Si donc une erreur commise par le notaire était la source d'un préjudice, la victime pourrait lui en demander réparation. On a fait remarquer que lorsque l'expédition fautive a été délivrée à la partie elle-même ou à ses ayants droit, la responsabilité du notaire doit s'amoindrir, de ce que les parties ayant assisté à l'acte ou ayant la faculté de se faire représenter la minute, ne sont pas, dans l'espèce, exemptes d'une certaine négligence.

Nous n'ajouterions pas, s'il n'existait des arrêts sur ce point, que la responsabilité du notaire n'est point engagée, si la faute qu'il a commise n'est pas la cause du préjudice souffert (Paris, 16 mars 1830), ni si la partie est elle-même la cause de l'erreur commise. (Paris, 7 août 1855.)

Enfin l'art. 1397, 2ᵉ alinéa, du Code civil, impose au notaire, à peine de dommages-intérêts, l'obligation de ne délivrer ni grosses ni expéditions des contrats de mariage modifiés par des contre-lettres, sans transcrire à la suite le changement ou la contre-lettre. Si le notaire, tout en exécutant cette obligation, y apporte une négligence qui permette aux parties de tromper les tiers, il sera directement responsable envers ceux-ci, sauf son recours contre qui de droit. Tel est le cas où la contre-lettre est délivrée de telle façon qu'elle puisse être isolée du contrat. Si toutefois ce résultat était l'effet de la disposition naturelle des rôles et que la contre-lettre occupât seule un feuillet intercalaire ou supplémentaire, la responsabilité du notaire ne serait pas engagée. Cependant, on lui conseille alors d'annoter la page sur laquelle se trouve le contrat primitif. (Pagès, p. 85).

§ 5. — *Du fait des clercs.*

I. — Les parties lésées par le fait d'un clerc peuvent certainement exercer un recours contre le notaire lui-même, si le clerc a agi comme préposé du notaire (art. 1384), tandis qu'au contraire, dans le même cas, elles ne pourraient agir contre le clerc lui-même. (Besançon, 25 mars 1874.) « Les clercs ne sont considérés comme les préposés du notaire que dans les choses qui se rattachent nécessairement et directement à leurs fonctions. » (Roll. de Vill., n° 32.) Le notaire serait donc responsable du détournement de deniers remis à son clerc pour acquitter des droits d'enregistrement. Au contraire, il ne répondrait pas de la perte d'un dépôt étranger à ses fonctions s'il avait été effectué entre les mains de son clerc sans que le déposant eût de sérieuses raisons de croire que celui-ci était mandataire à l'effet de le recevoir.

On comprend qu'il appartient aux juges du fait de décider si, dans l'espèce, le clerc devait être considéré comme préposé du notaire. Le tribunal de la Seine a pu décider que le notaire était responsable des abus de confiance commis par son maître clerc, successeur désigné, bien que la partie ait traité directement avec celui-ci et fût même inconnue du notaire, mais c'est en constatant qu'il laissait agir le maître clerc dans toutes ses affaires, « non-seulement comme un maître clerc, mais comme son représentant universel et absolu (1). » En sens inverse, la Cour de Rennes a fort bien jugé que si les agissements du clerc ont excédé ses fonctions, si d'ailleurs il ne tenait du notaire aucun mandat tacite, la partie ne devait imputer qu'à elle-même et au clerc le préjudice qu'elle avait éprouvé. (Rennes, 4 juin 1851.)

Il arrive assez souvent que les clercs se laissent constituer mandataires des parties dans les actes passés par leurs patrons. Si le clerc n'est en réalité que le prête-nom du notaire qui, s'il était en nom dans les actes, ne pourrait les dresser, c'est le

(1) Tribunal de la Seine, 28 mars et 14 juillet 1841.

notaire seul qui est responsable. (Lyon, 3 mai 1873.) Mais les clercs ne doivent pas à la légère se laisser revêtir de la qualité de mandataires, car les tribunaux peuvent très-bien déclarer que leur mandat était sérieux et les condamner à garantir les suites de l'opération dans laquelle ils ont figuré. Par exemple, un clerc a été rendu responsable du détournement par le notaire d'un prix de vente que le clerc avait reçu en qualité de mandataire et remis à son patron. (Metz, 15 janvier 1856.)

II. — Le notaire pourrait-il exercer un recours contre son clerc? Évidemment oui, si celui-ci s'était rendu coupable d'un délit, détournement, abus de confiance. Le clerc pourrait alors être poursuivi aussi bien par le notaire que par les tiers. Mais on s'accorde à dire, qu'au contraire, le clerc est irresponsable des négligences, erreurs ou omissions par lui commises dans l'exécution des travaux dont il est chargé.

Le contrat qui le lie envers son maître est, en effet, d'une nature toute spéciale. Le clerc n'est qu'un auxiliaire choisi pour seconder son patron dans les démarches nécessitées par les affaires de l'étude. Il ne se charge donc pas de faire un travail définitif, mais seulement de préparer l'œuvre du notaire; il compte sur un contrôle efficace, en sorte que si le projet qu'il a dressé contient des erreurs, des inexactitudes, le notaire, qui doit le revoir et se l'approprier, s'appropriera aussi la faute. S'il ne l'aperçoit pas lui-même, il ne peut reprocher à son clerc de n'avoir pas été plus clairvoyant que lui, s'il ne la cherche pas, il est lui-même en faute (1).

(1) V. un jugement très-bien rédigé du tribunal de Joigny, 19 mars 1859. — Espèce : inscription hypothécaire nulle, par suite de la substitution du nom du créancier à celui du débiteur et *vice versa*.

LIVRE SECOND

RESPONSABILITÉ CONTRACTUELLE

Nous avons, dans le livre précédent, étudié, au moins dans ses grandes lignes, la responsabilité du notaire en tant qu'elle dérive directement et nécessairement des fonctions qu'il a acceptées une fois pour toutes et qu'ensuite il n'est plus libre de ne pas exercer lorsqu'il en est requis.

Nous abordons, maintenant, l'étude d'une responsabilité fort différente qui résulte de l'infraction à des obligations non plus légales mais volontaires que le notaire eût pu ne pas accepter. Le notaire, sous ce nouveau point de vue n'est plus fonctionnaire public, mais homme d'affaires privé ; ses fonctions sont moins la cause que l'occasion des obligations qu'il assume à ce titre. Les relations qui s'établissent entre lui et ses clients sont contractuelles ou quasi-contractuelles. Tel est aussi le caractère de la responsabilité qui s'y rattache. Nous allons avoir à lui appliquer les règles du mandat, de la *negotiorum gestio* ou du dépôt.

ARTICLE PREMIER

DU MANDAT ET DE LA GESTION D'AFFAIRES

Si le notaire, au moins d'après le système que nous avons adopté, est libre de rester étranger à l'opération juridique dont il est chargé de dresser acte, il peut aussi y prendre une part plus ou moins active. Le législateur en principe, ne le lui défend pas (1) et l'on peut même dire que sa situation le désigne tout naturellement à la confiance des parties.

Son intervention a-t-elle nécessairement pour effet d'engager à un titre nouveau sa responsabilité ? Ici se présente une distinction qui, en droit, ne paraît guère susceptible d'être contestée : le notaire, en s'immisçant dans l'affaire, peut n'avoir voulu donner qu'un simple conseil. Il peut au contraire avoir été mandataire des parties ou *negotiorum gestor*. Or, si le mandat et la gestion d'affaires sont des sources d'obligations et par suite de responsabilité, il est de principe que le conseil n'oblige pas plus celui qui le donne que celui qui le reçoit, pourvu toutefois qu'il ne soit entaché d'aucun caractère frauduleux. Mais si cette distinction est certaine en doctrine elle a été maintes fois méconnue en jurisprudence et l'on conçoit qu'une fois admise l'obligation légale de conseiller les parties, on ne voit guère de place dans la théorie de la responsabilité notariale pour la règle : *Consilii non fraudulenti nulla est obligatio*. M. Éloy la reproduit cependant et en fait même l'objet d'assez longs développements, mais sa doctrine, sur ce point, ne nous paraît pas exempte de quelques contradictions. (Comp. notam. les nᵒˢ 739 et 741.)

Les vrais principes ont été appliqués par les arrêts déjà cités, de Caen (2 février 1857) et de la chambre des requêtes (22 décembre 1840), mais ils ont été complétement méconnus par un arrêt de la Cour de la Guadeloupe (18 février 1842) confirmé le 23 novembre 1843, dont on peut voir la critique dans l'ouvrage de M. Pont, *Traité des petits contrats, Mandat,* 836 et suivants.

_(1) V. cependant pour le cautionnement, ordonnance 1843, art. 12.

Si le conseil avait un caractère dolosif, nul doute que le notaire en fût responsable par application de l'art. 1382. C'est ce que décident d'innombrables arrêts (1).

Les opérations dans lesquelles le notaire intervient le plus souvent comme mandataire ou *negociorum gestor* sont les placements de fonds. Elles ne présentent du reste rien de particulier et nous n'en traiterons pas séparément.

Nos explications porteront d'abord et principalement sur le mandat : nous aurons ensuite à dire quelques mots de la gestion d'affaires.

SECTION I.

DU MANDAT.

§ 1. — *Preuve du mandat.*

Quand la partie qui reproche au notaire l'inexécution ou la mauvaise exécution d'un mandat ne peut en obtenir l'aveu, il faut qu'elle en établisse l'existence. (Art. 1315.) Comment y parviendra-t-elle?

Si le mandat résulte d'un écrit, la preuve n'offrira pas de difficultés. Mais ce cas est assez rare et, le plus souvent, le mandat allégué contre le notaire sera un mandat verbal ou un mandat tacite. Or déjà, en matière ordinaire, l'existence même du mandat tacite est contestée. Nous ne pouvons exposer ici la controverse dans ses détails ; rappelons seulement que malgré l'argument direct fourni par l'art. 1372 et l'argument *a contrario* tiré de l'art. 1985 qui, exprimant que l'acceptation peut être tacite, passe au contraire l'offre sous silence ; les auteurs les plus accrédités admettent,

(1) Req., 9 juillet 1872, 22 avril 1856, 29 décembre 1847 : Metz, 19 décembre 1855 ; Bordeaux, 20 juin 1853 ; Orléans, 17 juin 1852.

en thèse, l'existence du mandat tacite et soutiennent que l'art. 1372 a seulement voulu écarter l'ancienne règle : *Sola patientia inducit mandatum*. En conséquence, le mandat tacite ne peut plus résulter que de la situation respective des parties ou encore de certains faits précis impliquant nettement que celui qui a agi au nom d'un autre était investi du pouvoir de le faire. Il appartient d'ailleurs aux tribunaux d'apprécier souverainement la portée de ces faits.

Mais, tout-en-acceptant cette théorie dans sa généralité, M. Pont refuse d'en faire l'application au notaire. Pour lui, le mandat donné au notaire doit nécessairement être exprès : « Il faut, à notre avis, dit-il (p 13, *op. cit.*), quelque chose d'exprès et de positif. » Les obligations que l'on veut mettre à la charge du notaire étant complétement étrangères à ses fonctions, « le mandat ne peut être supposé : il ne saurait être qu'à la condition d'être exprès. » (P. 13.) « Il faudra pour qu'il y ait mandat que la proposition en ait été faite au notaire. » (P. 14.) Il invoque à l'appui de son opinion l'arrêt de cassation du 30 juin 1852 qui, en disant qu'il faut « que le mandat ne soit pas dénié ou découle des règles du droit, » aurait, par là même, « exclu virtuellement la possibilité d'un mandat tacite en ce qui concerne la responsabilité du notaire. » (P. 13.)

Mais la jurisprudence est, au contraire, unanime à admettre l'existence du mandat tacite. « Le mandat à l'effet d'opérer la transcription peut être tacite, dit en substance un arrêt de la chambre des requêtes du 18 août 1873 : il peut résulter des rapports du notaire avec son client, du fait de l'accomplissement des formalités extrinsèques, de la pratique constante du notariat dans le pays. » Il a de même été souvent jugé que pour être responsable, par exemple, du défaut d'inscription, il suffit que le notaire rédacteur d'un acte constitutif d'hypothèque « ait dû se considérer comme chargé d'assurer, dans l'intérêt de ses clients illettrés, l'efficacité de l'hypothèque (1). »

Une seconde difficulté s'est élevée sur le point de savoir si l'existence du mandat non écrit pouvait, quand l'intérêt en litige dépasse 150 fr., être prouvée par témoins ou simples présomptions.

La plupart des auteurs et des arrêts reconnaissent en principe que la preuve ne peut être faite ainsi qu'autant qu'il existe un commencement de preuve par-écrit (2).

Cependant on ne saurait dire que la jurisprudence soit absolument assurée sur ce point, et de très-nombreux arrêts l'ont jugé en sens contraire (3). La chambre des requêtes déclarait encore le 15 décembre 1874, que la preuve du mandat tacite donné à un notaire de remplir les formalités extrinsèques destinées à assurer l'exécution d'un acte de son ministère, peut être induite des circonstances de la cause et des explications contradictoires fournies à l'audience par les parties. Le 28 avril 1875, elle décidait, en outre, que la preuve du mandat tacite donné à un notaire d'opérer un placement hypothécaire, peut résulter de faits d'exécution non contestés, sans qu'il soit besoin de fournir un commencement de preuve écrite de l'existence de ce mandat.

Mais, à la date du 29 décembre 1875, la chambre civile a rendu un arrêt qui tranche formellement la question dans

(1) Req., 22 août 1864 ; Metz, 23 février 1864.

(2) Pont, *Petits contr.*, *Mand.*, sur l'art. 1985 ; *Resp. des not.*, p. 15 ; *Dict. du not.*, v° *Resp. des not.*, n⁰ˢ 314 et suiv. — Caen, 27 janv. 1875 ; Cass., 19 juillet 1854 ; Bordeaux, 26 mars 1844 ; Lyon, 18 juillet 1845 ; Douai, 2 mai 1844.

(3) V. indication de cette jurispr., *Journ. des not. et des avou.*, art. 21380, notamment Paris, 13 juin 1854, et rejet, 14 février 1855.

le sens du droit commun. Il s'agissait de savoir si le notaire
avait ou non mandat de recevoir paiement d'une créance.
L'acte obligatoire portait que le paiement serait fait entre
les mains du créancier dans l'étude. Le notaire, disait le
jugement de Toul (17 décembre 1874), avait été chargé de
liquider la succession dont cette créance faisait partie; son
client, habitant Belfort, s'en était notoirement remis à lui
du soin d'administrer à Toul sa fortune, et notamment de
faire les actes que comportait la succession de son père,
actes parmi lesquels figurait le recouvrement des créances.
En conséquence, on admettait l'existence du mandat tacite.
Mais la Cour de cassation : « Sur le deuxième moyen : vu
les art. 1985 et 1341, Code civ., attendu que, d'après la
combinaison de ces articles, la preuve du mandat civil ne
peut être faite par témoins ou à l'aide de présomptions
qu'autant qu'il s'agit entre les parties d'une somme n'excédant pas 150 fr., ou qu'il existe un commencement de
preuve littérale, sauf d'ailleurs l'effet ordinaire de l'aveu
judiciaire ou du serment; attendu qu'aucune exception à
cette règle n'est admise par la loi en faveur du mandat
tacite... Casse. » (29 décembre 1875.)

Quant au commencement de preuve par écrit, on l'a vu
dans une clause de l'acte lui-même, obligeant l'emprunteur
à payer entre les mains du notaire le coût des formalités
de transcription, de certificat de transcription et d'inscription. Cette clause a été considérée comme rendant vrai-
semblable l'existence du mandat de prendre toutes les
précautions nécessaires à la sûreté du prêteur. (Douai,
25 août 1855.)

Quels sont maintenant les faits d'où l'on peut induire le
mandat? Sur ce point la Cour de cassation reconnaît aux
tribunaux un pouvoir souverain d'appréciation. (Req.,

18 août 1873.) C'est assez dire que le rôle de la doctrine est ici très-peu étendu. Ce que l'on peut dire de plus général, c'est qu'il faut commencer par déterminer nettement l'objet du mandat allégué, puis se demander si les faits apportés en preuve sont en corrélation avec cet objet. (Pont, *Petits contr.*, n° 877.) Les tribunaux ne doivent pas admettre trop facilement l'existence d'un mandat que les parties constituées en perte par leur propre négligence ne sont que trop portées à invoquer, afin de pouvoir rejeter la faute sur le notaire. Il convient de repousser toutes les circonstances vagues et peu concluantes, si l'on ne veut pas forcer les notaires à refuser de rendre aux parties certains bons offices, d'insérer dans les actes, certaines clauses d'usage, comme les élections de domicile, ce qu'ils feraient certainement si l'on devait y voir la preuve d'un mandat qui augmenterait pour eux, sans compensation, les risques de responsabilité. De même des formalités postérieures à l'acte : pour écarter les inductions souvent très-rigoureuses de la jurisprudence, les notaires se feront signer un écrit portant que les parties conviennent d'ajourner telle ou telle formalité, bien qu'il leur ait été donné connaissance de la loi qui les exige. Ainsi, le but poursuivi ne sera pas atteint et l'on aura seulement, sans motif, inversé la situation des plaideurs relativement au fardeau de la preuve (1).

Aucune règle générale ne pouvant être posée ici, le seul moyen de connaître l'esprit de la jurisprudence en ces matières est de passer en revue quelques-uns des mandats dont le notaire est le plus souvent chargé et, par l'analyse des principaux arrêts, de faire voir quelles sont les circonstances ordinairement admises en preuve.

(1) En ce sens, Roll. de Vill., v° *Responsabilité des not.* — Pont, *Responsabilité des not.*

1) Mandat de prendre inscription. — Plusieurs cohéritiers ayant, en 1850, licité un immeuble, l'un d'eux en devint adjudicataire et promit de payer son prix à deux ans, trois ans et dix ans dans l'étude du notaire où, d'après une clause du cahier des charges, les colicitants avaient élu domicile. Comme l'adjudicataire était alors très-solvable, aucune inscription ne fut prise dans les soixante jours. Mais, en 1852, il tomba en faillite; le notaire produisit pour ses clients et fit prendre inscription par son clerc. Naturellement, l'inscription fut contestée, et la créance dénuée de garanties fut perdue.

Dans ces circonstances, les cohéritiers frustrés actionnèrent le notaire, soutenant que dès 1850 il avait mandat de prendre inscription. Le notaire répondit que s'il n'avait inscrit qu'en 1852, c'est qu'il n'avait pas auparavant reçu mandat de le faire. Il corroborait son affirmation, en alléguant l'usage constant où sont les parties dans les licitations entre cohéritiers se connaissant tous de s'épargner les frais d'inscription. Le tribunal d'Avallon admit ce système; mais, sur l'appel, la Cour de Paris infirma son jugement et déclara que le notaire avait dès 1850 mandat de prendre inscription. Elle faisait résulter ce mandat : 1° de l'élection de domicile; 2° de la détention des pièces; 3° de ce que le notaire avait produit à la faillite et pris inscription.

Cet arrêt notable a été critiqué par M. Pont dans une brochure que nous avons déjà citée plus d'une fois. Outre que la Cour induit le mandat de simples présomptions, les deux premières paraissent absolument sans valeur, et la troisième n'est pas concluante dans l'espèce.

Pour établir le mandat de prendre inscription dans les soixante jours, on se fonde d'abord, sur la clause du cahier des charges, contenant élection de domicile dans l'étude du notaire. Or, c'est là une clause devenue de style et destinée, soit à attribuer compétence au tribunal du lieu, soit à faciliter les offres réelles. Elle ne saurait servir à constituer un mandat de prendre inscription, encore moins un mandat de le faire dans les soixante jours, car, au moment où le cahier des charges fut rédigé, on ignorait absolument si l'adjudicataire ne serait pas un étranger, auquel cas, le délai pour prendre inscription eût été indéfini. On invoque, en second lieu, la détention des pièces : circonstance encore moins démonstrative, dit M. Pont. Les notaires ont coutume de ne rendre les pièces aux parties, que lorsque leurs honoraires ont été payés. La détention des pièces eût donc pu servir à prouver le défaut de paiement, elle n'avait aucun rapport avec le mandat de prendre inscription dans les soixante jours.

Quant aux derniers faits allégués, ils sont sans doute de nature à prouver l'existence d'un mandat, mais d'un mandat donné en 1852, et non en 1850, or, cela n'était pas dénié par le notaire. La Cour prétend qu'il ne justifiait pas que le mandat lui eût été donné seulement en 1852, mais on peut répondre, d'abord, que ce n'était pas à lui d'en faire la preuve; ensuite, qu'il la faisait cependant! En effet, qu'en 1850, il n'eût reçu aucun mandat, cela pouvait s'induire de l'usage constant signalé plus haut; qu'en 1852, un mandat eût été donné au notaire, c'est ce que prouvait la production par lui faite, à une faillite complétement imprévue, en 1850.

2) Mandat de faire signifier un transport.—On l'a fait dériver de ce que : 1° l'acte de transport constatait que le paiement devait être fait à l'étude; 2° le notaire devait rester dépositaire de la créance cédée; 3° il devait faire émarger l'inscription prise en garantie de ladite créance; 4° il avait reconnu par écrit que c'était son clerc qui avait fait procéder à la notification du transport. Le mandat ainsi établi, le notaire était responsable des fautes commises dans l'exécution : notamment de la nullité de l'une des notifications, nullité résultant de ce qu'elle avait été faite à un autre domicile que celui indiqué dans la créance cédée. (Req., 4 mai 1874.)

3) Mandat d'assurer la validité du paiement d'un prix de vente. — Le notaire qui rédige un acte de vente est souvent constitué dépositaire du prix. C'est là une des occasions les plus fréquentes de responsabilité, car on admet très-facilement qu'il a reçu mandat de faire « tout ce qui est nécessaire pour que les intérêts des acquéreurs soient pleinement sauvegardés. » Cette formule vague est celle des arrêts.

Un notaire est constitué dépositaire du prix jusqu'au dégrèvement des hypothèques; il est, par cela seul, tenu de veiller à ce que les acquéreurs soient assurés d'être propriétaires incommutables et n'aient pas à payer deux fois. (Aix, 10 août 1876.) L'acte de vente stipule que les paiements seront faits en l'étude du notaire, d'abord aux mains des créanciers inscrits auxquels délégation était faite par le vendeur, et seulement ensuite aux mains de ce vendeur. Cette stipulation sur le mode de paiement constitue le notaire mandataire à l'effet de l'opérer ainsi qu'il est dit. Si donc il verse le prix directement au vendeur, il est responsable comme mandataire (1).

4) Placements de fonds. — De toutes les opérations auxquelles les notaires prêtent leur concours, c'est ici la plus dangereuse, celle qui engage le plus souvent leur responsabilité et qui, par l'étendue et le nombre des condam-

(1) Paris, 13 janvier 1865. — Anal., Req.. 19 juillet 1854 et 22 mars 1852.

nations dont elle est l'occasion, porte au notariat les coups les plus funestes.

Les rigueurs, parfois excessives de la jurisprudence, ont fait naître cette idée, très-répandue parmi les personnes qui placent leurs fonds par l'entremise d'un notaire, que celui-ci leur répond toujours et nécessairement de l'événement. Or il n'en est rien : pour que le notaire soit responsable, il faut, qu'il se soit constitué caution ou qu'il ait, comme mandataire ou *negotiorum gestor*, commis une faute dans la négociation. Telle est la doctrine que nous trouvons textuellement exprimée dans un arrêt de Lyon du 3 juillet 1868.

Or le cautionnement ne se présumera pas facilement, car il constitue une infraction formelle à la discipline. (Ordonn. de 1843, art. 12.) Il devra donc être prouvé par écrit ou, du moins, à l'aide d'un commencement de preuve écrite. (Lyon, même arrêt.)

Quant au mandat, il serait, croyons-nous, conforme à l'esprit de l'ordonnance de ne pas l'admettre trop aisément, car ses effets équivaudront souvent à ceux du cautionnement. Quand le notaire, se substituant au prêteur ou à l'emprunteur, s'occupe lui-même de la conclusion de l'affaire sans mettre les parties en rapport, il est clair qu'il assume toute la responsabilité d'un mandataire. Lorsque, au contraire, il se contente de les rapprocher, d'indiquer au prêteur un emprunteur, de les avisager et de dresser acte de leurs volontés, il semble qu'il ne devrait pas être responsable des suites de l'opération et que notamment on ne devrait pas pouvoir lui reprocher l'absence de certaines vérifications préalables qu'à la condition d'établir qu'il avait été spécialement chargé de les faire. Il y aurait ainsi à faire une distinction entre le notaire mandataire et le notaire que le législateur de 1843 lui-même appelle « intermédiaire. »

On ne peut dire qu'elle soit absolument méconnue par la jurisprudence; elle a même été récemment appliquée par un arrêt de Rouen (25 janvier 1876). Il faut le reconnaître pourtant, elle tient dans la pratique une place bien restreinte et, quelque faible qu'ait été la participation du notaire à la conclusion du prêt, il est presque toujours condamné comme mandataire ou *negotiorum gestor*.

On ne saurait s'étonner de voir traiter comme un mandataire le notaire qui a reçu les fonds et les a placés lui-même entre les mains de personnes inconnues des prêteurs (1); de même s'il est établi qu'il a préparé, négocié le prêt à lui seul, qu'il s'est substitué au prêteur pour la vérification des garanties hypothécaires, de la moralité, de la solvabilité des emprunteurs, alors que le prêteur n'a vu l'emprunteur ni avant ni lors de la passation et a été représenté par le clerc du notaire (2). Le notaire qui s'approprie l'opération, qui n'avisage pas les contractants dans son étude, qui leur laisse ignorer à quelles mains il a confié leur argent, en agissant ainsi sort de son rôle professionnel et devient « le gérant salarié des parties, qui recueille le bénéfice pécuniaire du concours qu'il leur prête (3). »

Mais ces circonstances ne sont pas nécessaires, et l'on a souvent fait découler l'existence d'un mandat de faits beaucoup moins concluants. « Attendu en principe, dit un jugement du tribunal de la Seine (20 novembre 1877), que le notaire qui n'a pas borné son rôle à la constatation authentique des conventions arrêtées entre les parties, mais s'est constitué leur intermédiaire et les a mises en rapport, a,

(1) Req., 9 juillet 1872 ; Cass., 19 juin 1850, 7 mars 1842.
(2) Lyon, 3 mai 1873 ; Caen, 25 mai 1861.
(3) Rennes, 13 juillet 1875 ; dans le même sens, Req., 28 avril 1875 ; Lyon. 4 mars 1876.

par cela même, assumé vis-à-vis de ses clients la qualité de mandataire ou de *negotiorum gestor.* » Le mandat a été plus d'une fois induit de ce que le notaire avait perçu un droit de 2 0/0 au lieu de 1 0/0, taux fixé par le tarif de la chambre. (Paris, 27 juillet 1874; Req., 13 août 1874.) Il a aussi été souvent décidé que le notaire, par cela seul qu'il suggère l'idée d'un prêt à une personne illettrée, est tenu de vérifier lui-même les garanties offertes par l'emprunteur (Rennes, 28 juillet 1873), même si le client a comparu à l'acte. (Toulouse, 8 février 1861; Paris, 4 décembre 1855.)

On est allé plus loin, et la Cour de Paris a jugé (27 juillet 1874) que le notaire est responsable de l'insuffisance des garanties hypothécaires, même quand c'est le prêteur qui a indiqué l'emprunteur.

Il serait facile de multiplier les exemples, ce serait sans grand profit. Il est de jurisprudence constante que les juges du fait sont souverains pour décider s'il existe ou non un mandat, et que leur pouvoir porte non-seulement sur la constatation, mais encore sur l'appréciation des faits. Aussi, tandis qu'une cour a fait découler le mandat de cette seule circonstance que les fonds, au lieu d'être remis à l'emprunteur, l'avaient été au notaire (Cass., 3 décembre 1835), une autre a pu refuser d'en reconnaître l'existence, alors que l'acte avait été passé en l'absence du prêteur, qu'il avait été fait élection de domicile dans l'étude, que les bordereaux hypothécaires avaient été rédigés par le notaire et qu'il s'était même chargé d'avancer les intérêts. (Douai, 18 et 25 juillet 1843.) Mais aujourd'hui, ces deux arrêts de Douai n'ont guère d'autorité, et il rentre dans les vues de la jurisprudence sur la matière d'admettre très-facilement l'existence du mandat.

§ 2. — *Effets du mandat donné au notaire.*

La responsabilité du mandataire a sa base légale dans l'art. 1992, qui vise non-seulement le dol mais la faute. Quant au point de savoir de quel degré de faute est tenu le mandataire, on sait quelles controverses se sont élevées, même dans le droit nouveau, sur ce que l'on appelle techniquement la théorie des fautes. Nous pensons, pour notre part, que la faute dont, en thèse générale, on est tenu en matière de contrats, est celle que ne commet pas un administrateur ordinaire. Mais il serait d'autant plus oiseux d'entrer ici dans la discussion que, de l'aveu de tous, les juges du fait apprécient souverainement les fautes contractuelles, et que la théorie qui porte ce nom ne constitue pour eux qu'un simple conseil. La loi recommande seulement de traiter avec plus d'indulgence le mandataire qui ne reçoit aucun salaire.

Quant aux faits qui donnent ouverture à l'action en dommages-intérêts, ce sont tous ceux qui constituent une contravention à la loi du contrat, qu'ils consistent d'ailleurs en un fait positif ou en une omission. Le mandataire est responsable soit de l'inexécution, soit de la mauvaise exécution du mandat. Il doit se renfermer exactement dans les limites qui lui sont tracées, à peine de dommages-intérêts soit envers le mandant, soit envers les tiers. Il répond de celui qu'il s'est substitué dans sa gestion, s'il n'avait pas reçu pouvoir de le faire, et même quand il avait reçu ce pouvoir, s'il a fait choix d'une personne notoirement incapable ou insolvable, à moins pourtant que ce choix ne lui ait été expressément imposé. Enfin, il doit faire raison au mandant de tout ce qu'il a reçu pour lui, et, s'il a employé à son usage personnel des sommes appartenant au mandant, il en doit l'intérêt du jour de l'emploi. Telles sont les obligations du mandataire; nous allons les voir appliquer au notaire.

N'ayant nullement l'intention de présenter ici une série d'études sur chacun des mandats que peut accepter le notaire, nous nous proposons seulement d'examiner quelques-uns de ceux dont il est le plus fréquemment chargé. Les mêmes règles étant applicables à tous, cette courte revue suffira pour faire voir comment sa responsabilité peut être engagée.

I. — *Mandat d'effectuer un paiement*. — Lorsqu'il est passé devant un notaire, un acte (vente ou emprunt) ayant pour résultat de procurer des fonds à l'une des parties, il n'est pas rare que ces fonds soient destinés à un paiement que le notaire est chargé d'effectuer. Ce mandat est pour lui la source d'obligations fort étendues. Il doit faire le paiement de telle sorte que les intérêts de celui qui fournit les deniers soient entièrement sauvegardés.

1) Tout d'abord, il doit, le cas échéant, requérir la subrogation. Cette obligation est d'évidence si elle lui est expressément imposée, et il n'est pas seulement responsable de ne l'avoir pas exécutée, mais de l'avoir mal exécutée; ainsi, s'il omet de dresser *in continenti* la quittance subrogatoire (Orléans, 10 janvier 1850, 3 avril 1851), si, chargé de faire un paiement avec subrogation en premier privilége et hypothèque, il se borne à subroger le prêteur dans le privilége du vendeur au lieu de le subroger dans les hypothèques inscrites du chef de ce vendeur. (Lyon, 30 novembre 1853.) Mais ce qu'il importe de remarquer, c'est qu'il peut être déclaré en faute pour n'avoir pas requis la subrogation, alors même que son mandat n'indiquait pas expressément qu'il dût le faire. Un notaire ayant vendu des valeurs mobilières appartenant à l'un de ses clients en

touche le prix et l'emploie à acquitter une dette hypothécaire; il omet d'opérer la subrogation. Le débiteur tombe
en faillite et le client ne peut obtenir son remboursement
tandis qu'il serait venu en ordre utile sur le prix de l'immeuble hypothéqué. La Cour de Paris l'a déclaré responsable comme n'ayant pas suffisamment exécuté les obligations
implicitement comprises dans son mandat (1). Il en a été de
même d'un notaire qui, chargé de payer avec le prix d'un
immeuble les créanciers inscrits sur cet immeuble, avait,
sans attendre l'ouverture d'un ordre, payé certains créanciers et n'avait exigé ni de ceux-ci subrogation au profit
de son mandant, ni des autres mainlevée de leurs inscriptions (2).

2) Le notaire est encore responsable, s'il est en faute,
toutes les fois que le paiement est inefficace pour quelque
cause que ce soit.

Un notaire chargé d'employer le prix d'une adjudication
à acquitter les créances inscrites sur l'immeuble, paie aux
mains de l'avoué, sans s'assurer que celui-ci ait mandat
spécial de recevoir les fonds. Il est en faute, et si l'avoué les
dissipe, le notaire en répond. (Bordeaux, 16 août 1855.)
De même, un notaire s'engage à rembourser avec les deniers
provenant d'un emprunt, une dette hypothécaire payable
dans l'étude de l'un de ses confrères, sans exiger quittance
du créancier ni mainlevée, il les remet à ce confrère qui les
dissipe, il est obligé de rembourser aux débiteurs la somme
qu'ils ont dû payer deux fois. (Dijon, 18 juillet 1873.)

II. — *Mandat de prendre inscription.* — Le notaire
qui accepte le mandat de prendre inscription est évidemment
responsable de l'inexécution de son obligation. (Cass.,

(1) Paris, 29 novembre 1875, et rej., 15 février 1876.
(2) Req., 10 février 1875, 25 janvier 1876.

21 mars 1855.) Mais il l'est aussi des fautes commises dans l'exécution. Un notaire chargé, en 1864, de prendre inscription sur un immeuble situé quai d'Orsay, 113, oublie que depuis 1859, à la suite de l'agrandissement de Paris, dont les limites ont été reculées jusqu'aux fortifications, le département et la ville ont été partagés en trois circonscriptions hypothécaires dont la composition a été entièrement remaniée. (Décret du 16 novembre 1859.) Il prend inscription au premier bureau alors qu'il devait le faire au troisième. Exonéré par le tribunal de la Seine, il fut, au contraire, condamné par la Cour de Paris. (26 janvier 1872, et Req., rej., 25 novembre 1872.)

Il y a plus et le mandat de prendre une inscription emporte celui de la renouveler dans les dix ans (1).

III. — *Mandat d'opérer un placement de fonds*. — Ce mandat est celui qui impose au notaire les obligations les plus étendues. Le notaire qui l'accepte, doit savoir qu'il se livre à l'opération la plus dangereuse, la plus féconde en occasions de faute et de responsabilité. Si elle a des suites funestes pour le prêteur, il est rare que le notaire ne soit pas condamné à l'indemniser. Procurer à son client un prêt sur bonne hypothèque, prendre sur les titres de propriété du débiteur, sur sa solvabilité, sur la situation de ses biens, tous les renseignements utiles, s'assurer que toutes les conditions nécessaires à la validité du contrat sont réunies, veiller à son exécution, faire inscrire l'hypothèque, tout cela n'est qu'une partie de sa tâche. Par cela seul qu'il s'est occupé de la conclusion d'un prêt, il court des risques, tant que le remboursement n'a pas été fait. Il faut qu'il procède au renouvellement des inscriptions, qu'il fasse assurer les

(1) Req., 15 décembre 1874 ; Cass., 19 mars 1856. — Éloy. n° 811.

immeubles, objets du gage, et renouveler les polices ex-pirées; cela même ne suffit pas, il doit surveiller la valeur des biens hypothéqués, et en provoquer la vente s'ils viennent à subir une dépréciation. Ces propositions résument un certain nombre de décisions qui reproduisent fidèlement l'esprit de la jurisprudence sur ce point. Nous avons à les justifier.

La formule générale des arrêts, c'est que le notaire « qui s'interpose, qui se fait intermédiaire, mandataire, *nego-tiorum gestor*, » pour la conclusion d'un prêt, devient par là même responsable « de la solidité, de l'efficacité du placement. » (Req., 13 août 1874.)

Les circonstances qui font ordinairement apprécier très-rigoureusement la responsabilité du notaire, sont : 1° qu'il agit le plus souvent pour des personnes illettrées; 2° qu'il perçoit une commission en dehors des honoraires qui lui sont dus pour la confection de l'acte. (Req., 13 août 1874.)

Quant aux fautes le plus fréquemment relevées contre lui, elles sont relatives : 1° aux conditions de validité du contrat; 2° à son exécution; 3° surtout à la constitution et à la conservation des garanties qui l'accompagnent.

A. — Même en admettant que le notaire ait, en tant que fonctionnaire public, le droit de rester étranger aux opéra-tions juridiques qu'il constate, il doit certainement, lorsqu'il est mandataire, veiller à ce que les conditions de validité ne fassent pas défaut. Ainsi, le notaire qui se fait intermédiaire pour un placement de fonds, répond de la nullité résultant de la minorité de l'emprunteur. (Cass., 19 juin 1850.)

B. — Dès que le mandat du notaire ne se borne pas exclusivement à la désignation d'un prêteur, il doit faire porter ses soins sur l'exécution même de la convention passée devant lui. Notamment, il doit exiger que les sommes promises soient régulièrement versées. Il s'est présenté sur ce point une espèce particulièrement délicate, en ce que le notaire intermédiaire recevait les fonds d'un autre notaire. Il avait, on le conçoit, certains ménagements à garder à l'égard d'un confrère. Néanmoins, celui-ci ayant détourné les deniers et se trouvant d'ailleurs insolvable, le notaire fut condamné à garantir l'emprunteur pour n'avoir pas exigé le versement régulier des espèces. (Grenoble, 24 mars 1874.)

C. — Mais, nous l'avons dit, ce qui doit surtout attirer l'attention du notaire, c'est la constitution et la conservation des garanties destinées à assurer la solidité du placement.

a) Le notaire doit avoir soin de stipuler des garanties sérieuses et suffisantes.

1) Il faut d'abord que ces garanties ne soient point illusoires. De là, s'il s'agit d'une hypothèque, la nécessité pour le notaire de rechercher si l'immeuble offert est bien la propriété du débiteur, s'il est entré dans son patrimoine d'une manière incommutable, notamment si la transcription a été effectuée; enfin, s'il n'est pas grevé de certains droits, affecté de certaines modalités qui enlèveraient à l'hypothèque consentie tout ou partie de son efficacité, comme par exemple si l'immeuble n'est pas déjà grevé d'autres hypothèques pour toute sa valeur (1), si l'usufruit offert n'est pas incessible et insaisissable. (Orléans, 8 janvier 1870.) Les mêmes soins s'imposent à lui s'il s'agit d'une autre garantie. Ainsi, un prêteur exige l'intervention et la signature d'un tiers qu'il indique; le notaire, au lieu de se mettre en rapport avec ce tiers, reçoit de confiance une signature qui plus tard est reconnue fausse, il est responsable. (Angers, 28 mars 1833.)

(1) Req., 3 août 1868, 11 juillet 1866, 16 août 1865, 4 mars 1863 ; Alger, 6 juillet 1866, etc., etc.

2) Il importe, en second lieu, que les garanties stipulées soient suffisantes (Angers, 14 janvier 1875), et certainement le notaire commet une imprudence quand il prend pour élément d'appréciation une *alea*, par exemple, la probabilité de l'achat de l'immeuble par une grande compagnie. (Paris, 27 juillet 1874.)

Mais il est de toute justice que l'on se reporte, pour apprécier l'étendue des garanties hypothécaires, au moment même où elles ont été stipulées, sans tenir compte des dépréciations que l'immeuble a pu subir (1), par exemple, par suite d'événements politiques ou militaires. (Trib. de la Seine, 20 novembre 1877.)

Ce dernier jugement déclare dans ses motifs que le créancier, averti par la cessation du service des intérêts à un moment où la dépréciation du gage ne s'était pas encore produite, était en faute de n'en avoir pas poursuivi la réalisation. C'est en quoi il nous paraît avoir beaucoup mieux posé les principes que la Cour de Dijon (28 décembre 1876) qui, dans une espèce où d'ailleurs le notaire devait peut-être être condamné pour d'autres raisons, n'a pas craint d'avancer qu'un notaire, par ce qu'il avait reçu l'acte d'emprunt, devait poursuivre la réalisation du gage au moment où il l'a vu devenir insuffisant. La chambre des requêtes (7 janvier 1878), et l'on peut s'en étonner, a rejeté le pourvoi dirigé contre cet arrêt et accepté ainsi, en principe, une doctrine d'après laquelle « l'inaction des clients est justifiée par la faute du notaire. » Il en résulterait que, jusqu'au remboursement du prêt, le notaire serait obligé de veiller sur les biens hypothéqués et d'en provoquer la vente en cas de dépréciation. C'est donner au mandat une étendue

(1) Bordeaux, 13 juillet 1874 ; Rouen, 25 janvier 1876. — *Contra* Paris, 28 février 1842.

qui nous semble tout à fait exagérée, et nous en estime-
rions l'exécution complète si, au moment du prêt, la valeur
de l'immeuble était suffisante pour le garantir (1).

Mais, bien entendu, il en serait autrement si le prêteur,
indépendamment des sûretés réelles, demandait d'autres
garanties à la solvabilité et à la moralité personnelles de
l'emprunteur. C'est ce qui, dans une espèce assez délicate,
a été, le 21 mai 1851, décidé par la Cour de Paris, sous la
présidence de M. Troplong (2).

b) Enfin, le notaire, après avoir constitué un gage sérieux
et suffisant, doit encore, autant qu'il est en lui, veiller à sa
conservation. Il doit :

1) Faire inscrire l'hypothèque et même opérer le renouvellement décennal de l'inscription ;

2) Exiger que l'immeuble, objet du gage, soit assuré
et, qui plus est, prendre soin de renouveler les polices
(Éloy, 814) ;

3) S'opposer à tout ce qui tendrait à diminuer la valeur
de l'immeuble. A plus forte raison peut-on lui imputer
d'avoir contribué à l'affaiblir. Si donc il conseille une mainlevée partielle qui consomme l'insuffisance du gage, il en
est responsable. (Dijon, 28 décembre 1876.)

Les explications dans lesquelles nous sommes entré ont
trait surtout à l'inexécution totale ou partielle du mandat
et à l'application des art. 1991 et 1992. Celle des autres
dispositions sur la matière, pour être moins fréquente, n'en
est pas moins certaine.

1) Aux termes de l'art. 1996, Code civil, si le mandataire
emploie à son usage des deniers par lui reçus du mandant,

____

(1) En ce sens, Toulouse, 8 février 1861 ; Rouen, 16 novembre 1846. —
Contra Rouen, 12 janvier 1852.

(2) V. Dal., 51, II, 109.

il en doit l'intérêt du jour de l'emploi. Un notaire, ayant reçu une certaine somme pour obtenir la mainlevée d'inscriptions hypothécaires, resta dans l'inaction, et la Cour de Paris, considérant que sur 107 inscriptions pas une n'avait été rayée, décida, non sans quelque sévérité, que le notaire devait être réputé avoir fait usage des fonds à son profit et, en conséquence, le condamna à en payer l'intérêt du jour où il les avait reçus. (14 février 1823.)

2) Le mandataire a le droit de se substituer quelqu'un dans sa gestion, mais s'il n'y avait pas été autorisé, il répond de celui qu'il s'est substitué (art. 199). L'application de cette règle a été faite au notaire. (Lyon, 1er déc. 1853.)

Si le mandataire a reçu pouvoir à cet effet, il ne répond de celui qu'il s'est substitué que s'il a fait choix d'une personne notoirement incapable ou insolvable. (1994, 2°.)

L'application de cette règle au notaire est quelquefois délicate. Un notaire avait fait ouvrir un ordre dans l'intérêt de ses clients qui l'avaient constitué dépositaire d'un prix de vente jusqu'au dégrèvement des hypothèques. Naturellement il chargea un avoué de les y représenter. Or, une faute fut commise par le juge commissaire qui mit à la charge des acquéreurs des intérêts qu'ils ne devaient pas. La Cour d'Aix condamna le notaire pour n'avoir pas contredit à l'ordre. En vain, voulut-il rejeter la faute sur l'avoué, la Cour le repoussa sur ce motif que le mandataire répond de celui qu'il s'est substitué. (Aix, 10 août 1876.)

Mais on a fait observer avec quelque apparence de raison que précisément la règle cesse quand le mandataire a été autorisé à se substituer quelqu'un. Or, par cela seul que l'intervention d'un avoué devenait nécessaire pour l'accomplissement du mandat dont s'était chargé le notaire, celui-ci était implicitement autorisé à le substituer à lui-même et

ne devait pas répondre de ses actes à moins que l'avoué
choisi ne fût notoirement incapable, ce qui n'était pas allégué.

SECTION II.

GESTION D'AFFAIRES.

Nous avons très-peu de choses à dire de la gestion d'affaires, et la raison en est qu'en matière de responsabilité
notariale il n'y a pas d'intérêt à distinguer les deux situations de mandataire tacite et de *negotiorum gestor*.

Tout d'abord, en ce qui touche les effets de l'une et de
l'autre, ils diffèrent en ce que le mandant doit compte au
mandataire de toutes les dépenses, même inutiles, qu'a nécessitées l'exécution du mandat (art. 1997), tandis que le
gérant d'affaires ne peut répéter que les impenses qui ont été
utiles au maître. (Art. 1375.) Mais cette différence est relative aux obligations du mandant. Or, c'est là un point de
vue étranger à la théorie de la responsabilité du notaire.

Quant aux faits constitutifs de la gestion d'affaires, ce
sont identiquement ceux dont on induit le mandat tacite
donné au notaire, et il n'est pas rare qu'une même décision
attribue facultativement au notaire la double qualité de
mandataire ou de *negotiorum gestor*. Cette dernière qualification est utile au cas où la partie, tout en alléguant un
mandat, n'apporte à l'appui que des présomptions. Quand
l'intérêt est supérieur à 150 fr., nous avons vu que l'arrêt
qui admettrait le mandat sans qu'il fût produit d'écrit ni de
commencement de preuve écrite pourrait être cassé : au
contraire, il peut, sans crainte de censure, faire résulter la
negotiorum gestio des faits qui prouveraient l'acceptation
du mandat si l'offre elle-même était établie. Un notaire

a été constitué dépositaire d'un prix de vente, puis il a fait procéder, dans l'intérêt de l'acquéreur, aux formalités de la purge et à l'ouverture d'un ordre. Si on ne veut pas le considérer comme mandataire, au moins faut-il voir en lui un *negotiorum gestor*. (Aix, 10 août 1876.) Un autre va lui-même trouver un prêteur, visite l'immeuble à hypothéquer ; met en rapport les contractants, leur fait réaliser le contrat dans son étude, y élit pour eux domicile, de ces circonstances il faut induire au moins la gestion d'affaires. Par conséquent il doit exécuter dans toutes ses parties l'opération qu'il a entreprise, et s'il a insuffisamment vérifié la garantie hypothécaire, il en répond (1).

Il est, en effet, tenu comme s'il était mandataire ; il est soumis aux mêmes obligations et répond des mêmes fautes (art. 1372, 1374, 1992). Ses omissions l'obligent comme son fait positif. M. Dalloz s'est donc trompé quand il a écrit, en croyant traduire la pensée d'un arrêt de Lyon (18 juillet 1845), que le notaire ne peut encourir de responsabilité pour faute commise comme *negotiorum gestor,* lorsque la faute qu'on lui impute consiste non dans un fait, mais dans une omission. (V° *Resp.,* n° 356.) L'arrêt n'a pas dit cela et ne pouvait pas le dire. On reprochait au notaire, rédacteur d'un acte de vente, de n'avoir pas retiré un état hypothécaire de l'immeuble vendu. La Cour déclarait que, d'un côté, ses fonctions ne l'y obligeaient pas, et que, de l'autre, on n'établissait pas qu'il y fût tenu en vertu d'un mandat ou d'une gestion entreprise. La gestion d'affaires ne pouvait, cela est plus qu'évident, résulter de son abstention. Mais si elle avait été établie par des faits positifs, alors naissait pour le notaire l'obligation de la mener à bonne fin, et par conséquent ses omissions eussent engagé sa responsabilité.

(1) Orléans, 8 janvier 1870 ; Cass., 19 mars 1845 ; Paris, 28 février 1842.

ARTICLE SECOND

DU DÉPOT

Nous avons déjà examiné la responsabilité du notaire comme dépositaire des minutes. Mais, ici, nous voyons en lui, au lieu d'un dépositaire public, un homme privé auquel les parties confient volontairement un dépôt.

Cette situation se produit souvent à la suite d'un acte de vente ou de prêt passé devant lui. Cet acte est l'occasion d'un maniement de deniers qui sont fréquemment remis au notaire pour les conserver jusqu'à ce que certaines conditions du contrat aient été exécutées, à charge à lui, soit de les restituer, soit d'en faire un emploi déterminé. Dans ce dernier cas, le dépôt est mêlé de mandat, et il sera quelquefois difficile de savoir quelles règles il faut appliquer. La distinction n'est pas sans importance, les art. 1924 et 1927 étant spéciaux au contrat de dépôt. La Cour de cassation reconnaît aux juges du fait, un pouvoir souverain pour décider si le notaire est mandataire ou dépositaire. (Cass., 18 novembre 1834.)

Les obligations ordinaires du dépositaire s'imposent, sans aucun doute, au notaire. Quand il a reçu des fonds, pour les conserver jusqu'à ce qu'il en soit fait un usage indiqué d'avance, il est responsable de leur perte, s'il s'en dessaisit autrement, par exemple s'il les place chez un banquier qui tombe en faillite. (Rennes, 28 juin 1860.) Il faudrait, pour qu'il fût à couvert, qu'il y eût été autorisé par le déposant. Encore, cette autorisation doit-elle être précise, et ne suffit-elle pas toujours. Elle doit être précise : ainsi, un notaire constitué dépositaire des deniers provenant d'un prêt, voulant à la fois s'épargner les risques du dépôt d'une somme considérable, et lui faire porter intérêt, proposa à l'emprunteur de la placer chez un banquier qui, disait-il, offrait toutes garanties. L'emprunteur répondit par cette formule : « Faites au mieux de mes intérêts. » Le banquier ayant fait faillite, le notaire fut déclaré responsable de la perte des fonds, et la Cour de Dijon jugea que l'autorisation était trop vague pour le couvrir, et n'avait pas été donnée en connaissance de cause. (Dijon, 18 décembre 1872.) « A aucun titre, dit l'arrêt, il ne devait remettre le dépôt à un tiers, même pendant le plus bref délai. »

Enfin, l'autorisation du déposant serait évidemment insuffisante si les fonds étaient destinés à un emploi accepté par le destinataire. Le notaire ne pourrait, sans le consentement de celui-ci, ni restituer le dépôt au déposant, ni l'employer à un autre usage (1).

Nous avons dit que la situation du notaire est celle de tout autre dépositaire. Cependant, comme les dépôts qu'il reçoit lui sont très-souvent confiés à l'occasion d'un acte qu'il a passé comme fonctionnaire public, on s'est demandé si les art. 33 de la loi de ventôse et 2102, 7°, ne devaient pas recevoir ici leur application. On sait que d'après ces textes, le cautionnement des notaires et autres fonctionnaires publics est affecté par privilége à la garantie des condamnations qu'ils ont encourues dans l'exercice de leurs fonctions. Le privilége ne couvrant que les créances résultant de faits de charge, la question s'est posée de savoir si le détournement de sommes confiées au notaire constitue un fait de charge. La Cour suprême, en cassant un arrêt a formellement décidé la négative : « Attendu, dit-elle, que nul ne

—————

(1) Grenoble, 19 décembre 1871. — Anal. Cass. 20 novembre 1871, 7 novembre 1866, etc.

peut être dépositaire public qu'en vertu de la loi et pour les objets qu'elle a désignés ; que la loi n'a pas constitué les notaires dépositaires publics des deniers des particuliers... » (Cass., 18 janvier 1854.) « On ne peut, dit à son tour le tribunal de la Seine (14 août 1852), attribuer le caractère de faits de charge à des actes qui sont la suite d'une confiance volontaire et d'un mandat que tout autre individu aurait pu remplir. Abuser de la position que donnent des fonctions publiques et de la confiance qu'elles peuvent inspirer ne saurait être la même chose qu'abuser des fonctions elles-mêmes, le ministère des fonctionnaires étant obligatoire pour les parties qui y recourent, tandis que la confiance qu'elles accordent à l'individu est entièrement volontaire de leur part (1)... »

(1) En ce sens : Cass., 31 janvier 1859 ; Paris, 15 novembre 1853, etc.

APPENDICES

I. — Du notaire commis par justice

Nous avons jusqu'ici, pour étudier la responsabilité du notaire, supposé qu'il agit sur la réquisition ou à la prière des parties elles-mêmes ; c'est, en effet, le cas le plus fréquent. Mais il peut arriver aussi qu'il reçoive sa mission de la justice dans certains cas prévus par la loi ; quelle est alors la responsabilité qu'il encourt? La situation ne présente pas d'unité, et c'est pour cela que nous avons cru devoir en renvoyer ici l'examen.

Voici les distinctions que nous proposerions pour concilier les arrêts rendus en la matière. La commission judiciaire peut avoir pour effet de constituer le notaire dans l'affaire tantôt officier public, tantôt simple expert, tantôt agent d'affaires des parties, triple situation qui correspond à peu près aux trois rôles que peut jouer le notaire agissant sur la demande directe des parties.

I. — Le notaire peut d'abord être commis pour exercer ses fonctions notariales elles-mêmes. Ainsi, il peut être chargé par un tribunal de procéder à une vente sur publications volontaires. La responsabilité qui lui incombe est alors la même que s'il avait été choisi par les parties ; les mêmes obligations, les mêmes formalités, les mêmes précautions lui sont imposées. Ainsi, il doit faire apposer les affiches, effectuer dans les journaux les insertions prescrites par les art. 960 et suivants du Code de procédure civile. Si, par exemple, il procède à la vente sans y avoir appelé les parties intéressées, il répond de la nullité. (Colmar, 4 juin 1830.) De même, si la justice le commet pour recevoir en dépôt certaines pièces et que ce dépôt se rattache à ses fonctions, comme, par exemple, celui d'un testament olographe (art. 1007, C. civ.), c'est en qualité d'officier public que sa responsabilité est engagée. Il en résultait, avant la loi du 22 juillet 1867, que l'art. 2060, 7°, lui était applicable. Les règles ordinaires doivent être observées. Toutefois, le notaire qui, sur l'ordonnance du président, reçoit le dépôt d'un testament n'est pas tenu d'en dresser acte. La constatation du dépôt résultera suffisamment du procès-verbal de réception signé de lui.

II. — Le notaire peut jouer le rôle d'un simple expert. C'est ce qui a lieu quand le travail qu'il est chargé de faire doit être homologué par justice. Le notaire est alors dans une situation analogue à celle du conseil. De même que la partie qui demande un avis s'approprie, en s'y conformant, l'erreur dont il peut être entaché, de même le commettant, la justice, en acceptant l'œuvre du notaire, le décharge de la responsabilité des fautes qu'il a pu commettre. Ainsi un notaire, délégué par justice pour procéder à une liquidation de succession, commet une erreur de calcul qui cause un préjudice à l'un des copartageants. Le procès-verbal de liquidation est homologué purement et simplement par le tribunal, le notaire ne peut être actionné en responsabilité. (Pau, 30 avril 1860.)

III. — Enfin, la justice peut faire du notaire un mandataire des parties, un dépositaire privé.

a) Un mandataire : ainsi les absents sont, aux termes de l'art. 113, représentés par un notaire dans les inventaires, comptes, partages et liquidations dans lesquels ils sont intéressés. (*Adde* art. 931 et 942, C. pr. civ.)

A ce titre, le notaire répond, comme tout autre mandataire, des fautes par lui commises dans l'exécution de son mandat. (Rennes, 17 décembre 1849; Paris, 17 novembre 1839.) S'il en excède les limites, il sera tenu comme *negotiorum gestor*. (Limoges, 19 mars 1823.) De ce que le notaire agit ici comme mandataire et non comme fonctionnaire public, il résulte qu'il peut figurer dans des inventaires, comptes, partages, liquidations, en des lieux où il n'a pas le droit d'instrumenter. Mais il ne peut être à la fois mandataire et officier public. La loi du 6 octobre 1791 le lui défendait expressément (art. 7, tit. I, sect. II), et les rédacteurs de l'art. 113 ont entendu maintenir cette prohibition; c'est ce qui résulte de la discussion même de cet article.

b) Le notaire peut enfin être constitué dépositaire ou séquestre judiciaire. Lorsque, à titre de dépositaire, il reçoit des sommes d'argent, la jurisprudence décide qu'il doit les verser à la caisse des dépôts et consignations. (Montpellier, 19 juin 1827.) Elle se fonde sur l'art. 657, C. pr. civ., qui prescrit la même mesure au cas de distribution par contribution. Bien qu'il n'existe, à cet égard, aucune règle formelle, les notaires ont intérêt à opérer le versement des fonds, car, s'ils en faisaient un autre emploi moins productif, ils auraient à tenir compte de la différence comme n'ayant pas administré en bon père de famille (1).

Le notaire, commis par jugement pour recevoir des sommes dont la propriété est litigieuse, doit les déposer à la caisse des dépôts et consignations. (Décis. 16 février 1820.) Or, une ordonnance de 1816 (3 juillet), déclare que l'officier public, détenteur de deniers qui doivent être versés à cette caisse, peut être révoqué s'il n'opère pas le versement (art. 2, 7, 9, 10).

(1) Art. 1962; Dalloz, *Jurisp. génér.*, v° *Dép.*, 242.

II. — Du notaire en second

Le notaire en second peut intervenir de trois manières dans les actes reçus par son confrère :

I. — En principe, l'art. 9, au moins, tel qu'il est interprêté par l'art. 1ᵉʳ de la loi des 21-24 juin 1843, n'exige pas que le notaire en second assiste à la réception de l'acte. Il suffit qu'il y donne sa signature, « espèce de légalisation officieuse de celle de son collègue. » (Paris, 23 janvier 1834.) Il n'est pas non plus tenu de prendre connaissance de l'acte qu'il signe. (Rap. de M. Phil. Dupin sur la loi précitée.) La conséquence logique, c'est qu'il ne saurait être responsable à raison de sa réception, à moins, bien entendu, qu'il ne soit de mauvaise foi, par exemple, qu'il ne connaisse le faux dont l'acte est entaché (1). Cependant un auteur (2) soutient que le notaire en second doit être responsable, si l'acte contient une clause contraire à l'ordre public et aux bonnes mœurs. Cette opinion ne serait admissible, que s'il était tenu de prendre lecture de l'acte, or, on convient qu'il ne l'est pas et, en pratique, il se fait un devoir de discrétion de ne pas lire l'acte du confrère qu'il seconde.

II. — Mais la loi du 21 juin 1843, modifiant dans son art. 2, l'art. 8 de la loi de ventôse, exige la présence réelle du second notaire pour certains actes qu'il énumère. Cette présence est nécessaire au moment « où les conventions sont lues, vérifiées, acceptées et certifiées par les signatures de tous ceux qui doivent concourir à l'acte. » (Phil. Dupin.)

Il en faut conclure que le notaire en second est, pour ces

---

(1) Roll. de Vill., n° 180. — Dalloz, 447. — Éloy, 309.
(2) M. Vergé, n° 118.

actes spéciaux, responsable comme le notaire qui instrumente. (Éloy, n° 311.)

III. — Enfin, le second notaire, lorsqu'il n'est pas obligé de concourir à l'acte, a pu coopérer à sa rédaction, comme représentant de l'un de ses clients. Sa responsabilité est alors celle du mandataire (1).

(1) Pagès, n° 215. — Dalloz, 446. — Éloy, 309.

CONCLUSION

C'est une maxime qui va s'accréditant que la théorie de la responsabilité des notaires ne comporte d'autre règle que l'arbitraire pouvoir des tribunaux. Si nous avions ainsi pensé, cette thèse n'eût jamais été écrite. Nous avons essayé d'établir que l'abdication imputée au législateur n'est pas réelle, et que les principes permettent d'édifier une théorie complète n'attribuant aux juges du fait aucun pouvoir extraordinaire. Nous avons d'ailleurs soutenu qu'en l'état des textes, il était impossible d'admettre l'existence d'un régime spécial plus favorable ou plus rigoureux que le droit commun, dont l'application exacte peut, à notre avis, être réclamée aussi bien pour le notaire que contre lui.

En contradiction sur ce point avec la Doctrine généralement portée à atténuer en faveur du notariat la responsabilité de droit commun, nous nous sommes trouvé d'accord avec elle quand il a fallu déterminer l'étendue des devoirs professionnels du notaire. La Jurisprudence, au contraire, tend de plus en plus à le considérer comme un agent d'affaires universel des parties qui recourent à son ministère. Or, cette vue primordiale, en laquelle se résument toutes les discussions de la matière, nous paraît également contraire à une tradition historique que rien n'est venu interrompre, et au texte même de la loi de ventôse. Nous estimons que le notaire est un fonctionnaire public qui a pour mission légale de constater authentiquement certains faits, mission analogue à celle de l'officier de l'état civil, quoique beaucoup plus étendue; que les obligations qui lui incombent en tant que fonctionnaire sont écrites dans la loi; qu'il peut sans doute en assumer d'autres en acceptant volontairement un autre rôle, mais que cette acceptation doit être établie conformément aux règles du droit commun, sans que son caractère puisse à lui seul la faire présumer.

Les tendances de la jurisprudence se sont manifestées de trois manières : tantôt le notaire, même dans l'exercice de ses fonctions nécessaires, n'a été considéré que comme un mandataire privé; tantôt on a soutenu que la loi elle-même lui imposait la direction de l'opération dont les parties venaient passer acte devant lui; tantôt enfin on a montré une extrême facilité, soit à admettre l'existence d'un mandat privé que l'on a fait découler des plus faibles présomptions, soit à étendre beaucoup les obligations qui en dérivent.

On a fait ainsi peser sur le notaire une responsabilité presque illimitée qu'est venu aggraver encore l'esprit de rigueur dont en général la jurisprudence des quarante dernières années a cru devoir s'armer contre lui. En voulant seconder les efforts du législateur, elle les a peut-être contrariés, et tandis que l'ordonnance de 1843 se proposait avant tout de diminuer les risques courus par le notaire, surtout en matière de placements de fonds, on l'a rendu pour ainsi dire garant de l'effet de tous les actes auxquels il a concouru.

Des désastres plus fréquents, une concurrence plus âpre et l'élévation du prix des charges pour compenser les pertes éprouvées, enfin, l'abandon de la carrière par beaucoup de jeunes gens légitimement effrayés des écueils dont elle est semée, telles ont été, en dernière analyse, les conséquences d'une théorie dangereuse pour le notariat. Atteint par des coups multipliés, ce grand corps éprouve comme une sorte

de difficulté de vivre et si l'extension donnée à la responsabilité notariale n'en est pas la cause unique, c'en est du
moins la principale. Or, telle est la situation que la Chancellerie a cru devoir ouvrir une enquête et faire même en-
trevoir la nécessité d'une intervention du législateur.

Tout en rendant hommage aux intentions excellentes qui
ont dicté les arrêts que nous avons cru devoir critiquer, leur
doctrine nous a paru présenter les plus graves inconvénients, surtout par l'interprétation dont elle est susceptible.
Nous nous en sommes donc séparé, mais ce n'a pas été sans
en éprouver un vif regret dont nous tenions à formuler ici
l'expression.

POSITIONS

DROIT ROMAIN.

I. — Un *correus stipulandi* pouvait-il nover la créance commune ? — Il y avait controverse.

II. — La publicienne *in rem* compétait à celui qui avait la chose *in bonis*.

III. — L'action de la loi Aquilia se cumulait avec une action *rei persecutoria in id quod amplius*.

IV. — La loi 68, *de Reiv.*, D., VI, 1, n'est pas interpolée.

V. — Il y a antinomie entre la loi 5, *de pecun. Constil.* et la loi 8, D., V, 1.

DROIT CIVIL.

I. — L'enfant né avant le 180ᵉ jour du mariage est-il légitime ou légitimé? — La loi le considère comme légitime.

II. — L'homme qui reconnaît un enfant naturel n'est pas admis à déclarer la mère de cet enfant.

III. — Un propriétaire contre lequel son voisin a prescrit la servitude passive réglée par les art. 676 à 679, C. civ., a-t-il le droit de bâtir sur son fonds sans observer aucune distance, alors même que les jours ou vues de l'autre en seraient plus ou moins obstrués? — Non.

IV. — Les créanciers non opposants qui se présentent avant l'apurement du compte ont-ils une action directe, en vertu de l'art. 809, C. civ., contre les autres créanciers qui ont reçu par des paiements antérieurs une part excédant le dividende qui leur serait revenu d'après une distribution régulièrement faite ? — Non.

V. — L'inscription de faux est-elle nécessaire pour attaquer la date du testament olographe ? — Non.

VI. — La règle que l'on ne peut prouver par témoins contre et outre le contenu aux actes, ne s'applique pas aux faits postérieurs à l'acte qui ont eu pour résultat d'éteindre les obligations qui en résultent.

VII. — Lorsque l'une des parties veut, aux termes de l'art. 1358, C. civ., déférer à l'autre le serment, et que ce serment est d'ailleurs valablement déféré, le juge est-il toujours tenu de l'admettre ? — Oui.

VIII. — Le remploi anticipé est-il valable? — Oui, pour les biens de la femme?

IX. — Quand la femme accepte *ex intervallo* le remploi d'un de ses propres, son acceptation rétroagit d'une manière absolue.

X. — Quand le bailleur privilégié pour tous les loyers à échoir n'en a reçu qu'une partie, les créanciers peuvent-ils scinder le bail? — Oui.

PROCÉDURE CIVILE.

Les juges peuvent-ils, au civil, puiser des raisons de décider dans des instructions, enquêtes, interrogatoires en matière criminelle, ou s'appuyer dans une instance d'une enquête faite dans une autre instance? — Oui.

DROIT PÉNAL.

Dans l'hypothèse de l'art. 380, C. pén., les coauteurs sont-ils punis ? — Non.

DROIT COMMERCIAL.

Il ne peut y avoir plusieurs faillites simultanées pour un même commerçant.

DROIT ADMINISTRATIF.

Un ecclésiastique peut-il être traduit devant les tribunaux, sans autorisation du Conseil d'État, pour un délit commis dans l'exercice de ses fonctions ? — Oui.

HISTOIRE DU DROIT.

L'absorption des justices publiques par les justices seigneuriales, au IXe siècle, fut-elle le résultat d'usurpations successives ou la suite naturelle des développement des fiefs ? — La question doit se résoudre par une distinction entre la justice féodale et la justice seigneuriale.

ÉCONOMIE POLITIQUE.

Le taux de l'intérêt doit être libre.

CLAUDE DROÜART.

Vu : *le Recteur*,
J. JARRY.

Vu pour l'impression :
Le Doyen,
ED. BODIN.

TABLE DES MATIÈRES

LIVRE SECOND.

Responsabilité contractuelle.

APPENDICES :

ERRATA

Page 56, ligne 2 : avec plus de vigueur *lisez* avec plus de rigueur

Page 61, ligne 16 : Est-ce à dire qu'il n'en soit *lisez* Est-ce à dire qu'il ne soit

Page 89, ligne 3 : elles ne peuvent *lisez* elles ne prouvent

Page 110, ligne 31 : constitueraient répétition *lisez* constitueraient une répétition

Page 117, ligne 13 : La raison qu'ils en donnent *lisez* La raison que l'on en donne

Page 128, ligne 8 : que la Cour suprême confirma le 17 août 1876 *lisez* et la Cour suprême confirma sa doctrine le 17 août 1876

Page 130, ligne 7 : confirmant la condamnation *lisez* à l'occasion d'une condamnation

Page 132, ligne 32 : § 1er ci-dessus *lisez* page 114

Page 148, ligne 16 : (art. 23, ventôse) *lisez* (art. 23, loi de ventôse)

Page 158, ligne 5 : negociorum *lisez* negotiorum